宿根草と低木で彩る

小さなスペースを上手に生かす庭づくり

安藤洋子 監修

池田書店

「小さな庭」への扉

都市化の進んできた今の時代、家を建て駐車場をつくれば小さなスペースしか残らない、という家が多いと思います。

でも、そんなスペースだからこそ何本かの樹木を植えてみてください。その足元を宿根草《しゅっこんそう》で飾ってみてください。「小さな庭」の誕生です。

小さな庭は自然を呼び込み、四季の移り変わりを教えてくれます。

雑木の木々や低木の葉がそよぎ、風を知るでしょう。木漏れ日が揺れて光の美しさに気づきます。ミミズやアマガエル、ときにはトカゲがすみつきます。

春、木々の芽吹きは毎年繰り返されるひとつの奇跡です。宿根草が芽を出し、木の花が次々と咲き、6月には華やかなバラの季節となります。

夏、緑の葉が茂り、木々は生命力を謳歌《おうか》しているようです。そして、家や庭を熱い日射しから守ってくれます。

秋、木々の紅葉、草紅葉《くさもみじ》、木の実、ローズヒップ、自然からの贈り物のなんと楽しいことでしょう。

冬、きっぱりと葉を落とした裸木に、やわらかな日が射し込みます。雪の朝、木々は雪の精が降り立ったような美しい姿となります。

こんなふうに、ときに静かに、ときに賑やかに小さな庭に四季が巡っていきます。

本書はＰａｒｔ１～４で構成されています。

Ｐａｒｔ１では小さなスペースを利用した庭を紹介しています。それぞれの庭のスタイルで自然あふれる、楽しさあふれる庭となっています。街の景観を美しく盛り上げているのはいうまでもありません。宿根草・多年草を中心とした植栽は、自然に広がって庭をナチュラルに仕上げてくれます。そっくりマネをするのではなく、植物の色や形の組み合わせ方などを参考にしてください。

Ｐａｒｔ２では自然に見せる植栽のコツ、Ｐａｒｔ３では栽培の基本、Ｐａｒｔ４では植物を紹介しています。

高木の下に低木、宿根草・多年草を組み合わせると、自然の風景に近い景色が生まれます。お気に入りのシーンが生まれれば、きっと庭に遊ぶ楽しさに引き込まれていくことでしょう。

安藤洋子

もくじ

「小さな庭」への扉 …… 2
本書の見方 …… 6

Part 1 植栽組み合わせ実例83

ひとつひとつの小さなスペースを植物で彩る …… 8
半日陰でも植物を楽しむ庭 …… 10
スペースの広がりを生かした庭 …… 20
省スペースでもきれいに花を咲かせる庭 …… 28
雑木をメインにした木陰の庭 …… 36
こぼれダネで毎年花を楽しむ庭 …… 44
冬でも緑が絶えない庭 …… 48
樹木と草花が奥行きを感じさせる庭 …… 52
水田を背景に樹木と草花が映える庭 …… 58
部屋からの眺めを大切にした庭 …… 62
草花で覆われた自然風の庭 …… 66

Part 2 小さな庭づくりのコツ

植物の知識❶ 宿根草と一年草 …… 74
植物の知識❷ 落葉樹と常緑樹 …… 75
植物の知識❸ 高木・中高木と低木、つる植物 …… 76
植物の知識❹ 日なたと半日陰 …… 77
組み合わせポイント❶ 高さをバランスよく組み合わせる …… 78
組み合わせポイント❷ 花の形を知る …… 80
組み合わせポイント❸ 葉の形を知る …… 81
組み合わせポイント❹ カラーコーディネート …… 82
組み合わせポイント❺ 草花のタイプを選ぶ …… 84
組み合わせポイント❻ リーフを生かす …… 86
組み合わせポイント❼ グラウンドカバーを利用 …… 88
組み合わせポイント❽ 境界に植える …… 90
組み合わせポイント❾ 小物やグッズを飾る …… 92
組み合わせポイント❿ 鉢植えで自由に飾る …… 94
配置のポイント❶ 庭のコンセプトを考える …… 96
配置のポイント❷ 草花はゆとりを持たせて植える …… 98

配置のポイント③ 植栽のコツ …… 100

Part 3 植物の育て方の基本

庭の環境を知る …… 104
土づくり …… 106
草花の植えつけ …… 108
樹木の植えつけ …… 109
鉢のタイプ …… 110
鉢の植えつけ …… 111
水やり・マルチング …… 112
夏越し・冬越し …… 113
草花の管理 …… 114
植物の増やし方 …… 116
樹木の管理 …… 118
つる植物の誘引 …… 122

Part 4 小さな庭に合う植物図鑑

宿根草・多年草 …… 124
一年草 …… 136
低木 …… 140
つる植物 …… 148
高木・中高木 …… 150
植物名さくいん …… 154
庭づくり用語集 …… 156

本書の見方

Part 1 植栽組み合わせ実例83

庭の実例を紹介します。庭の植栽の組み合わせ方、植物の利用について写真を使って解説しています。

植栽図
庭の植栽図。数字は各写真と対応しており、矢印の方向でアングルを表す。

Point
その庭を構成するポイント、特徴など。

庭データ
上から場所と名前、庭が完成した年、植えられている主要な下草・草花・樹木を表す。

Part 2 小さな庭づくりのコツ

色の組み合わせの考え方や植物のタイプ分けなど、植栽を考えるときに必要となる基礎知識を紹介します。

Part 3 植物の育て方の基本

土づくりや植えつけなど、植物を管理するために必要な栽培方法を解説。草花と樹木それぞれわかりやすく解説しています。

Part 4 小さな庭に合う植物図鑑

植物のタイプ別に紹介する植物図鑑。データや特徴、栽培のポイントなどを掲載します。

※花期や剪定時期については関東以西の温暖地を基準にしています。地域やその年の気候によって誤差が生じます。

[低木、つる植物、高木・中高木]

コバノズイナ 落葉

ユキノシタ科ズイナ属

DATA
樹高▶1〜1.5m　花期▶5〜6月
花色▶白　用途▶添景木　剪定▶12〜2月

特徴 北アメリカ原産の落葉低木です。枝先に多数の小さな白い花を穂状につけ、明るい緑の葉とともに、庭を明るく彩ります。花にはよい香りがあります。秋には美しく紅葉します。

栽培 日なたから半日陰の場所でよく育ちます。耐寒性はありますが、夏の乾燥を嫌います。萌芽力があるため剪定に耐えますが、自然樹形を楽しむためにあえて刈り込みは行わず、徒長枝や形を乱す枝を切る程度にします。

DATA
樹高（つるの長さ）：
庭で利用する樹高、つるの長さを表す。高木・中高木は自然の状態の高さを（　）内に記す。
花期※：
花の咲く時期を表す。
花色：
品種を含めた花の色を表す。
用途：
庭の顔となるシンボルツリー、木陰をつくる緑陰樹、庭全体の風景をつくる添景木など、用途に合わせた利用法を紹介。
剪定※：
剪定に適した時期を表す。

特徴・栽培
植物の特徴や栽培上の注意点を解説。

科・属名
植物分類学上の科属名。別の属名がある場合は（　）内に示す。

植物名・タイプ
一般によく使われる名前や流通名を表記、よく使われる別名は（　）内に示す。名前の横に落葉樹、常緑樹などをアイコンで表す。

DATA
草丈：
どのくらいの高さになるかを表す。
花期※：
花の咲く時期を表す。
花色（葉色）：
花の色、または葉の色を表す。
日照：
その植物の生育に適した日照を表す。

[宿根草・多年草、一年草]

ケマンソウ（タイツリソウ） 茂広

ケシ科ケマンソウ亜科ケマンソウ属

DATA
草丈▶40〜60cm　花期▶4〜5月
花色▶濃ピンク、白　日照▶半日陰

特徴 中国東北部から朝鮮半島が原産の多年草です。茎先や上部の枝から長い花茎を出して、ハート形のかわいい花を並べるようにつり下げます。夏以降は地上部が枯れて休眠し、春に新芽を出します。

栽培 耐寒性があり、育てやすい草花ですが、暑さと乾燥には弱いので、落葉樹の下など、風通しのよい明るい日陰、あるいは半日陰で育てるとよいでしょう。

植物名・タイプ
一般によく使われる名前や流通名を表記、よく使われる別名は（　）内に示す。植物の広がり方のタイプをアイコンで表す。

科・属名
植物分類学上の科属名。別の属名がある場合は（　）内に示す。

特徴・栽培
植物の特徴や栽培上の注意点を解説。

Part 1 植栽組み合わせ実例83

宿根草・多年草や低木を中心にした庭は、四季を感じ、自然を感じるナチュラルガーデンです。

ここでは庭づくりのヒントとなる実例を紹介します。眺めていれば、きっと心に響くヒントがあるはずです。

ひとつひとつの小さなスペースを植栽で彩る

植栽スペースは花壇だけではありません。庭をよく見れば、植物の育つ小さなスペースがあちこちに見つかります。木陰や半日陰などでも、植物を選べば緑のある、自然風の庭がつくれます。P10からは、小さなスペースを生かし、きれいに植栽した庭を紹介しています。植物の組み合わせや彩りなどを「マネ」して、庭づくりの参考にしてください。

半日陰のスペース （P30 2 など）

日の当たる時間が短い半日陰の場所は、シランやギボウシなど半日陰でも育つ植物を選んで植えつけます。野山で木の下に生える性質の植物が向いています。

小さな通路脇 （P57 10 など）

花壇というほど植栽スペースがない小さな通路脇では、グラウンドカバーで緑をつくり、色のバランスを取りながら植物を植えつけます。

フェンス （P54 2 など）

植栽スペースがわずかでも、フェンスがあれば広い範囲を立体的に彩ることができます。つる植物を植え、伸ばしたい方向につるを誘引します。

玄関前（P68 2 など）

ほとんどの家の玄関前は、敷石やタイルなどで覆われ、人が生活しやすいようにつくられています。殺風景になりがちな場所は、鉢植えの植物で飾って華やかに。

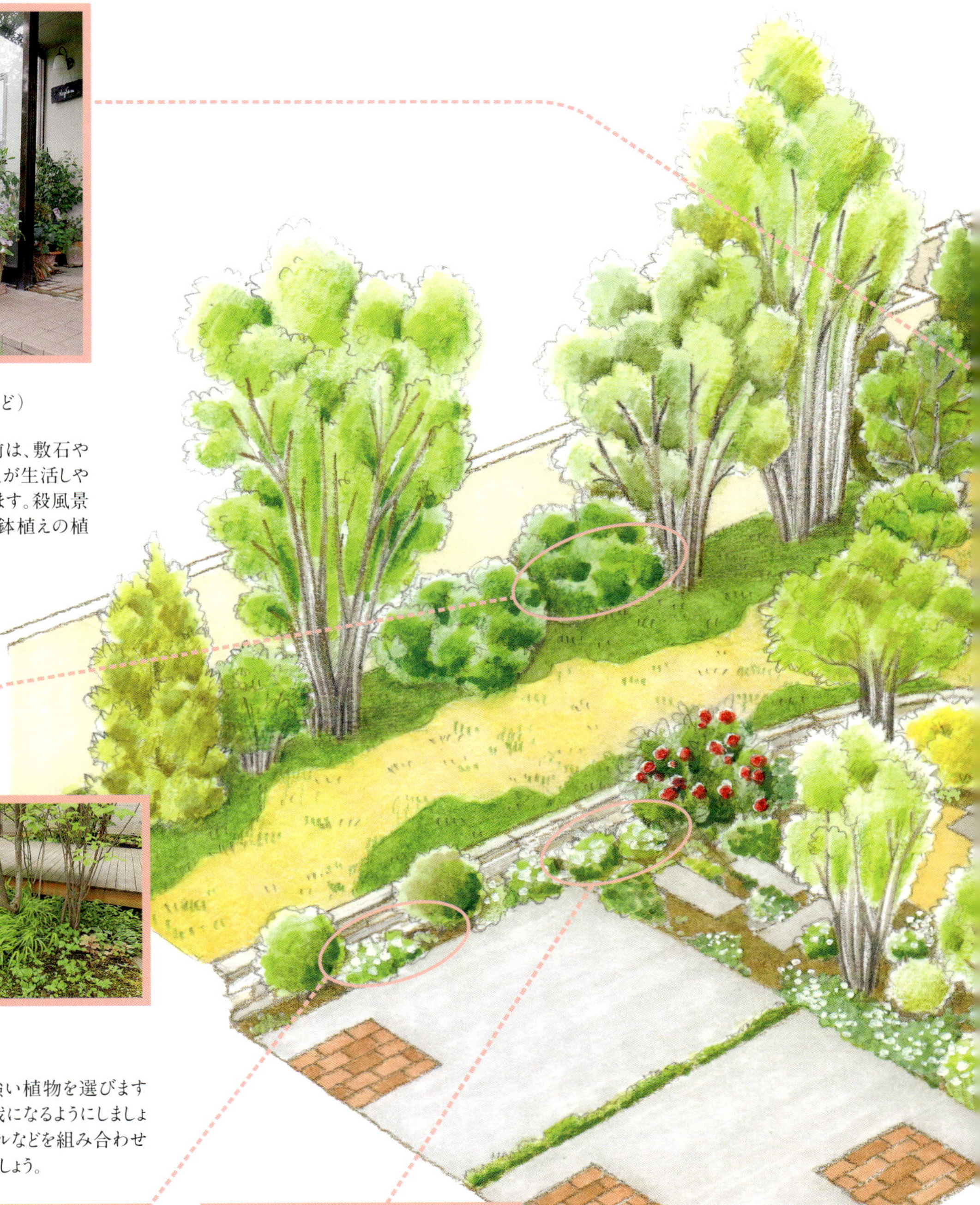

木陰（P39 3）

基本的に半日陰に強い植物を選びますが、木と調和する植栽になるようにしましょう。フウロソウやアナベルなどを組み合わせて彩りを添えてもよいでしょう。

駐車場（P30 1 など）

駐車場は基本的に植栽できるスペースが少ない場所ですが、ほんの少し植物があるだけで、その表情はガラッと変わります。植栽スペースがない場合は、鉢植えで飾りましょう。

構造物との境界（P40 5 など）

塀や敷石など植物との境界がある場所は、グラウンドカバーや宿根草などで、それぞれの境界を隠すことで構造物と一体感が出ます。

Point

半日陰でも植物を楽しむ庭

- 雑木林をイメージして下草を楽しむ。
- 下草は葉の色や形を考えて選び、緑のグラデーションをつくる。
- 半日陰～日陰が多い庭では、環境に適応したものが残る。

長野市　北川原邸

完成
2006年

下草
アジュガ、フウチソウ

草花
キョウカノコ、山野草

樹木
ツリバナ、ヤマボウシ、オオヤマレンゲ

玄関から見た庭の全景。中央の手すりは庭をつくる前にあったものを記念として残したもの。雑木が木陰をつくり、庭の大部分が半日陰となっている。（→P13 3）

定着した植物がつくる「葉壇」のグラデーション

北川原さんの庭は雑木林をイメージしてつくられています。このため、庭のほとんどは木陰となり、日陰の下草を楽しむ庭となっています。

「庭をつくった当初は白い花を基調に、葉の色調と形を考えて選びました。今は雑木の枝が伸びて半日陰と日陰が多い庭になり、花壇には自然に定着したものだけが残っています。残った草花を見ますと花は少ないので、花壇というよりも葉壇と呼んだほうがいいかもしれませんね」

　葉の色調と形で選んだものは、緑のグラデーションをつくります。とくに、北川原さんのお気に入りの場所はリビングからの眺め。リビングから見た景色は、まさに雑木林の雰囲気で、雑木の下に咲く草花や秋の紅葉は季節の移ろいを感じさせます。また、雑木に囲まれた庭は外からの視線をさえぎり、ゆっくりとくつろぐことができます。

　草花が植えてある場所は、雑木の下の小さなスペースがほとんどです。ひとつひとつのスペースは小さなものですが、たくさんの種類の植物が植えてあります。このため、微妙な葉の色や形の違いが、景色に豊かな変化をもたらします。

「植えてある草花は多いかもしれませんが、雑木の下は雑草が生えないので手入れも楽です。別の場所に植え替えたときに、うまくいった喜びはひとしおです」

　宿根草や多年草が定着した庭の手入れは、広がりすぎたものを摘み取る程度で、それほど手間はかかりません。別の場所に植え替えたりする場合は、同じ敷地内であってもうまくいかないこともあります。そのときは無理をするよりもいさぎよくあきらめることも大切です。

ウッドデッキから見た庭は、木陰の緑で染まり、目立つ花の代わりに落ち着いた緑の葉が茂る。

1 家の塀沿い

門の横の植栽には午前中だけ日が当たる。春はスノードロップ、チューリップやクリスマスローズが咲き、エビネ、ハッカクレン、ナルコユリ、ユキワリソウ、チゴユリ、ヤマシャクヤクなど貴重な山野草がたくさん茂る。初夏にはナルコユリが咲き、秋にはホトトギスが花をつけてドウダンツツジが色づく。

夏に目立つ花はヤマアジサイ程度。葉の形がユニークな植物は山野草がほとんど。

2 玄関前を鉢植えで彩る

チムニー（煙突）に乗せた鉢は養生中のオオヤマレンゲ。秋に実をつけているのは宿根草のジュズサンゴ。鉢の色も庭やその場所に合わせて統一感のあるものを選ぶ。

3 株立ちの木で目隠し

シンボルツリーであるイロハモミジ、オトコヨウゾメなどの株立ちの木は、庭の全景を見せつつも、外からの視線をさえぎる目隠しとなる。

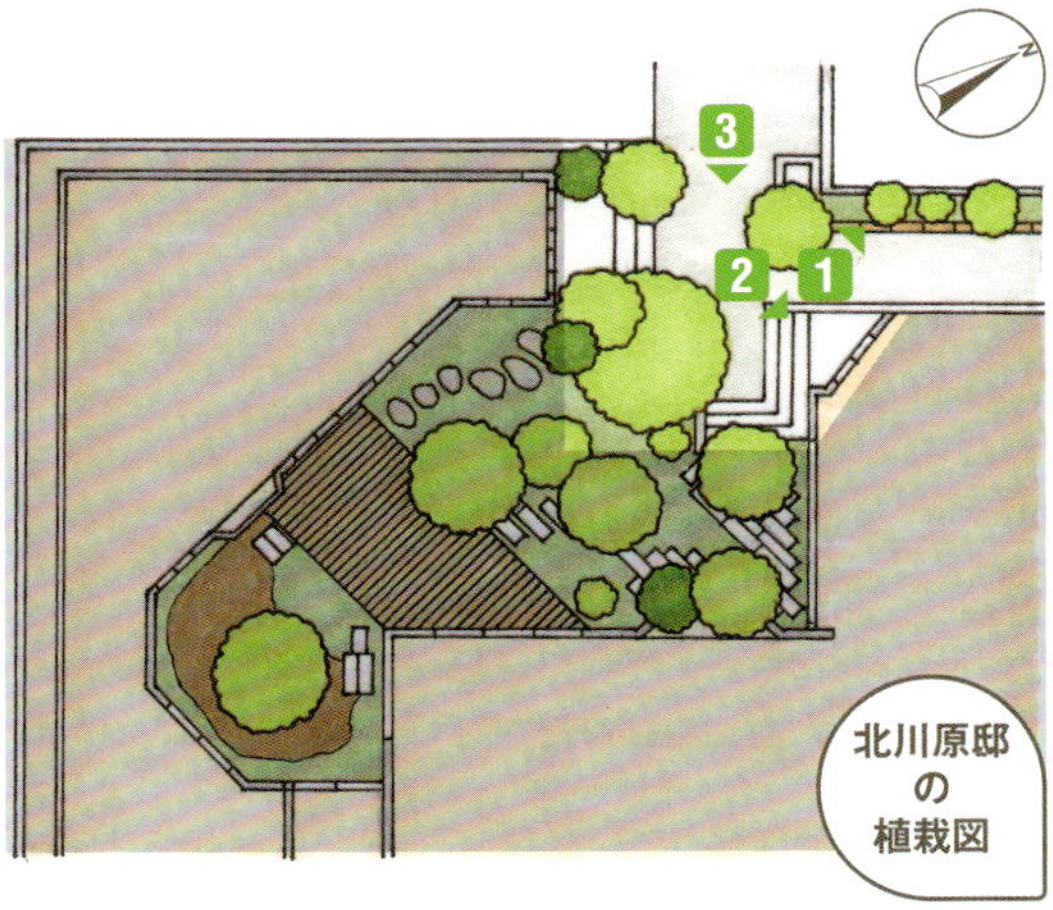

メインガーデンは道路より高くなっている。門からは木陰に生えるクリスマスローズやアジュガの花が春を告げる。

おもな下草はアジュガ、アルケミラ・モリス、タヌキラン。どれも控えめな花で、葉の形と色でグラデーションをつくる。季節が進むにつれ、植物の移り変わりが楽しめる。

4 軽やかな株立ちの木と下草

階段脇には雑木のオトコヨウゾメとアオダモが植えられている。どちらも春に白色の花を咲かせ、秋に紅葉する。株立ちの木は幹が細く軽やかでありながら、ボリューム感を出せる。

5 庭の全景

2階から眺めると、庭のほとんどが木陰となっていることがわかる。落葉樹が主体なので、新緑、紅葉と季節を楽しむことができる。

6 敷石で庭に余白をつくる

北川原さんお気に入りのリビングからの眺め。大谷石が余白をつくり、庭の植栽、四季の変化をより際立たせている。

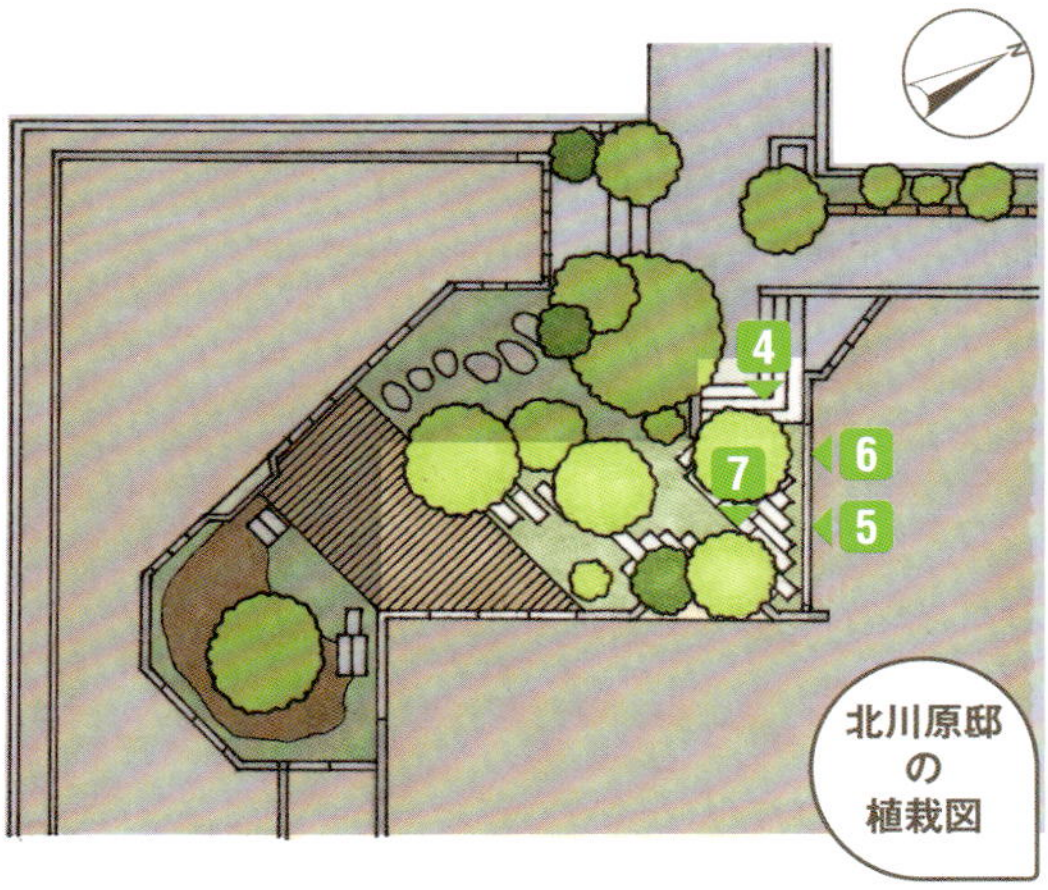

7 土がない場所は寄せ植えで

北側の家の角にミント、ヒューケラ、ミニバラの寄せ植えを飾る。ここでも葉の色と形で変化をつける。アンティークの小物が植物とのバランスを取っている。

8 葉が織りなすグラデーション

花壇の植栽は半日陰を好むものを中心に、さまざまな植物が植えられている。春に芽吹いた宿根草・多年草が夏に茂って密な植栽となる。植物の種類が豊富で、葉の色・形が緑のグラデーションとなっている。

ギボウシ

葉が大きく、葉の色や大きさの違う品種が多数つくられている。

オオヤマレンゲ

白色の花を咲かせ、自然では林の下など半日陰で生育する。

ユーパトリウム

アゲラタムとも呼ばれる多年草（一年草）。写真は、葉が銅葉のユーパトリウム／チョコラータ。

フタマタイチゲ

可憐な白い花と葉が特徴的な多年草。

夏の植栽を上から見ると、それぞれの葉の形と色に違いがあることがわかる。

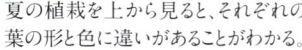

9 葉の形と色を選ぶ

葉が裂けるキョウカノコ(白花)、青色でハート形の葉のギボウシ、葉が細いツユクサ(白花)、など、葉の色と形の組み合わせによって緑だけでもここまで変化が出せる。

10 フウチソウ

春に芽を出したばかりのフウチソウは、初夏にやわらかな葉を茂らせ、夏から秋にかけて色濃くなり、冬の前に黄色く黄葉する。

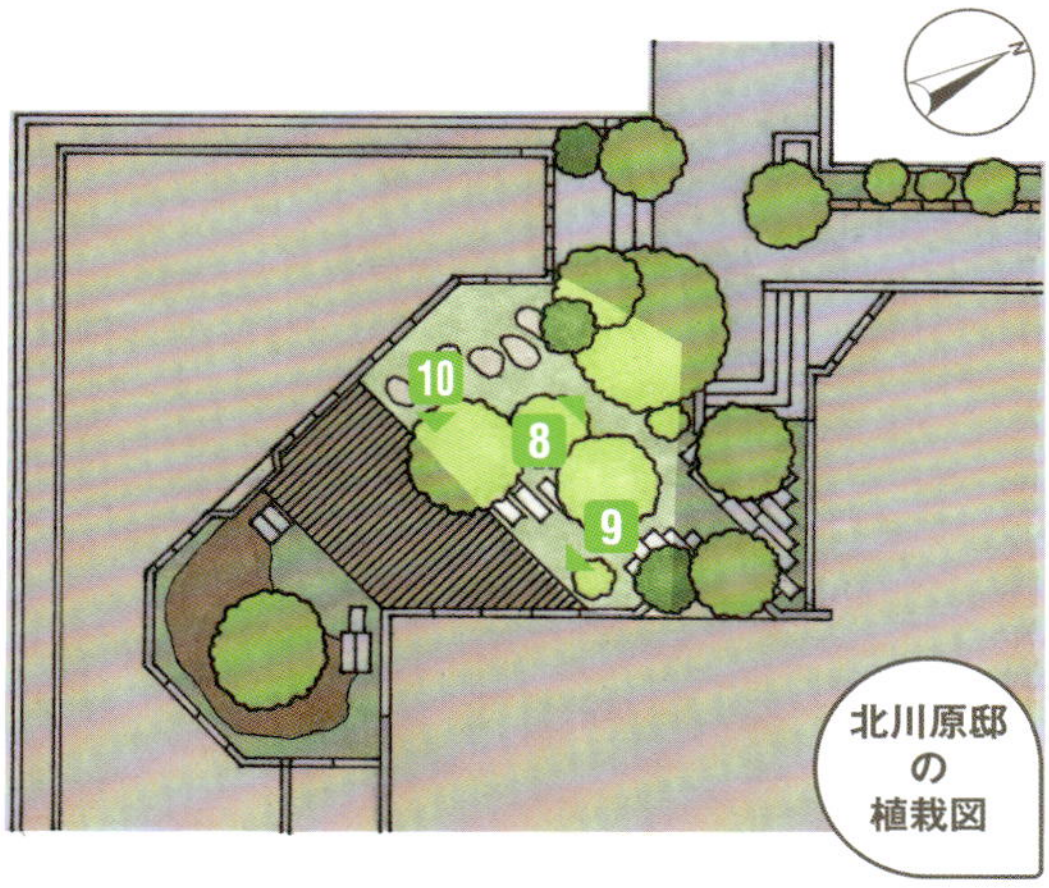

11 落葉樹で日射しを調整

ウッドデッキから見る景色は小さな雑木林といった風情。秋には紅葉と落ち葉が庭を彩る。落葉樹は夏の強い日射しをさえぎり、秋・冬は日射しを庭に取り込み、明るくする。

12 秋に咲く花

ツワブキは秋に黄色の花を咲かせる多年草。日陰でも育ち、つやのある濃い色の葉が広がる。

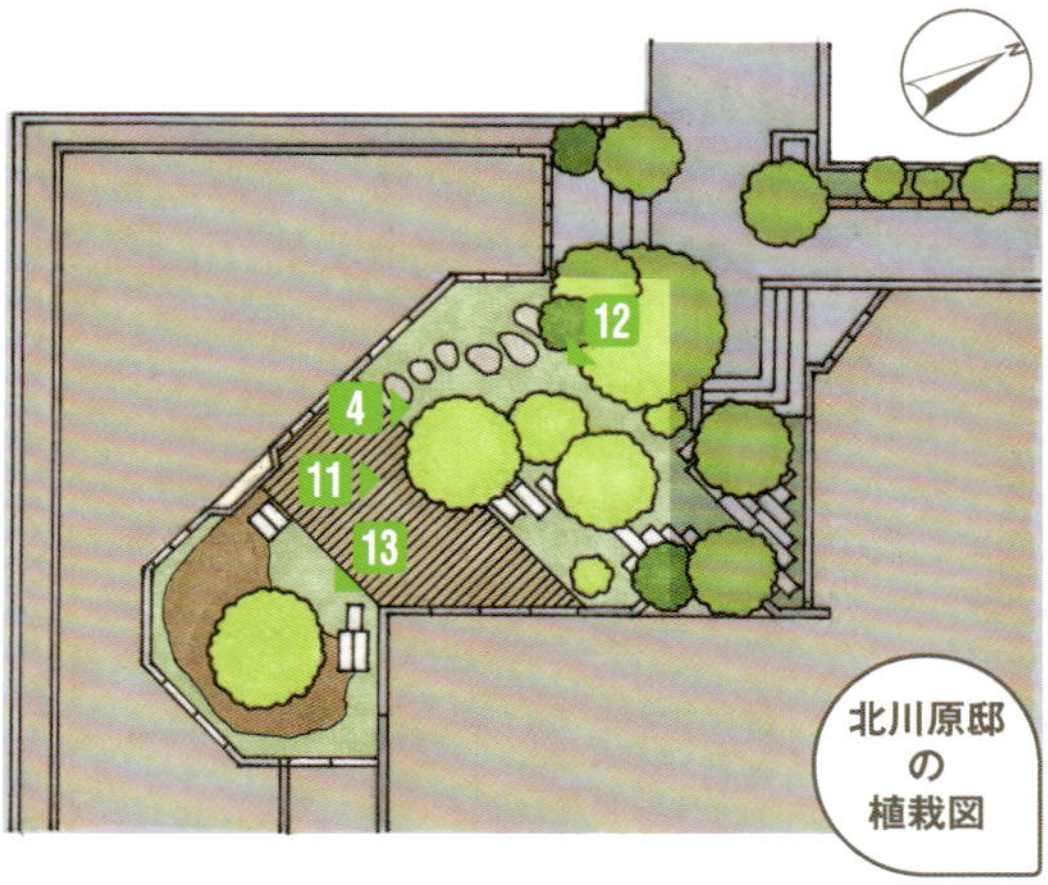

13 シンボルツリーと下草の組み合わせ

庭の奥にあるシンボルツリーのヤマボウシ。壁に囲まれた中に青々と株立ちの木が茂る。この場所はとくに日陰に強い植物が植えられている。北川原さんお気に入りの空間。

下草は日陰に強く、生育旺盛な植物を中心に植栽。ここでも葉の形の違いで変化をつけている。

軒下には、葉がハート形のシラユキゲシが芽吹き、ティラレラが穂状の花を咲かせる。

14 グラウンドカバー

通路の地面はコケで覆われ、土が見えない状態に。植物と飛び石の境界があいまいになることで、それぞれ自然になじむ。コケは明るい緑を提供する。

スペースの広がりを生かした庭

Point

- 庭に植物のないスペースを確保することで、空間の広がりを持たせる。
- 敷石があることで、雑草がはびこりすぎない。
- 淡い色の植物の中に濃い色の植物をポイントとして入れる。

上田市　帯川邸

完成
2002年（2014年改修）

下草
ワイルドストロベリー、
フタマタイチゲ

草花
ギボウシ、
オルレア

樹木
バラ、シラキ、ヤマボウシ

小道の植栽は白を基本に淡いピンク、青などで色調がまとめられている。

敷石で庭の余白をつくり出す

帯川さんの家の外壁は黒く塗り直され、庭を引き締める色合いとなって、家と庭の対比をはっきりさせています。

庭の中心部には大谷石が敷かれ、植物がないスペースが縦の空間に広がりを持たせ、植栽スペースとのメリハリをつけています。また、敷石は植物と人との境界をはっきりとさせ、土が隠れて雑草対策にも役立ちます。

大谷石の敷石は古びるよさがあり、余白を大切にする帯川さんの庭になくてはならないものです。

「地味な庭ですが、それでも春から初夏にかけての庭が華やぐ季節には、いつもより時間をかけて、きれいに咲いてくれている草花を眺めて楽しんでいます」

庭の植物は緑を中心に、白、青、紫、淡いピンクなど、全体に淡い色で統一されています。そこに、濃い色の花をワンポイントとして取り入れ、全体の色を引き締めています。

「小道は、淡い色の植物の奥に、ムンステッド・ウッドという濃い赤色のバラをアクセントにし、メリハリをつけています。残念ながら、今年はチュウレンジバチにやられて咲きませんでした」

帯川さんのバラは木陰や半日陰で育てられているものが多く、弱い株では病害虫に負けてしまうこともあります。しかし、半日陰などで育ったバラは、本来の性質よりもやわらかな枝ぶり・花となってやさしい印象になります。

植栽スペースの多くは、雑木を骨格とし、その下に低木や下草が入り、葉の色や形の違うものを使い、緑のグラデーションとしています。このため、春の芽吹き、初夏から夏の緑、秋の紅葉、冬枯れの木と、どの季節でも庭を楽しむことができるのです。

大谷石が敷かれたスペースが余白となり、縦の空間に広がりをつくる。

1 東側の小道

東側の小道は日照時間がやや短く、暗くなりがち。淡い色合いの植栽で全体を明るくし、ポイントに濃い色の花を入れて色調を引き締める。敷地外の樹木が借景となって奥行きのある花壇となっている。

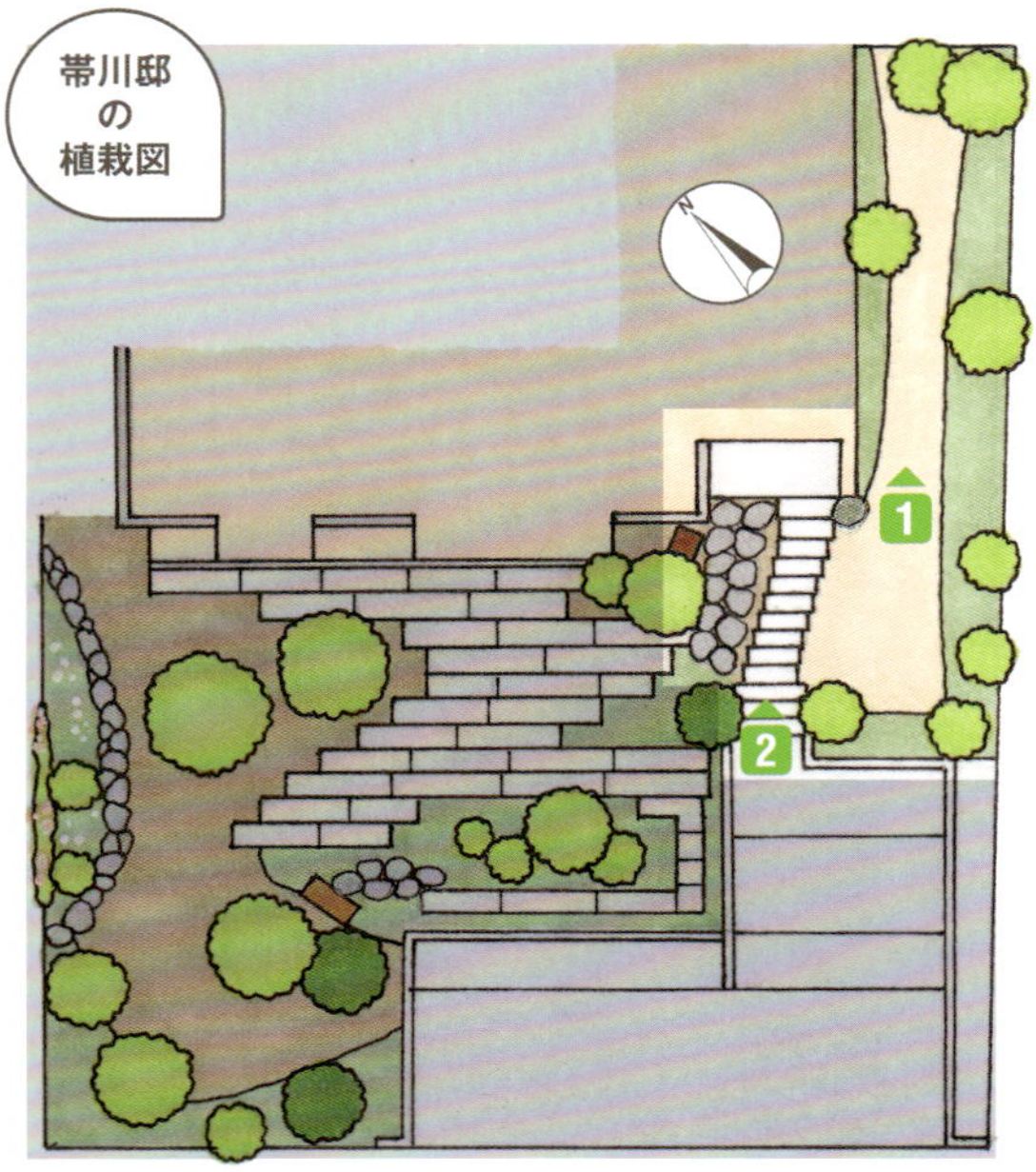

ほとんどが淡い色合いの宿根草。白を基本に、淡いピンク、やや淡いピンク、濃い紫と、全体としてグラデーションになる色使いが自然に見える。足元のドクダミはもともと生えていたもの。

2 玄関アプローチの植栽

人の使うスペースなので、植物は控えめにする。初春に少しだったワイルドストロベリーとニゲラも初夏には大きく育つ。敷石のおかげで広がりすぎを防ぐことができる。

玄関のすぐ手前にもちょっとした緑のスペースを。鉢植えは置き場所を自由に変えられるので、植栽スペースの少ない玄関まわりに最適。

玄関の横には使いやすい位置に立水栓がつくられている。家と庭の一体感を出すためにスモークツリーが縦の空間をつくり、鉢植えのギボウシで緑の途切れるすき間を埋める。

3 立水栓まわりの植栽

枕木を使った立水栓まわりは、季節によって表情が変わる帯川さんお気に入りの植栽のひとつ。初春に芽吹き出した植物が初夏に青々と茂り、秋に美しく黄葉する。

ヒューケラ
緑の中でアクセントとなる葉色。葉色の違う品種が多数ある。

ワイルドストロベリーとチゴユリをベースに、葉の長いシランで立体的に見せる。葉の色の違うギボウシやヒューケラをアクセントに。

ギボウシ
淡いブルーの縁取りの品種。葉が大きく存在感がある。

シラン
すらっと伸びた葉と紫の花が立体感を出す。

ワイルドストロベリー
きれいな葉色で、グラウンドカバーとして使い勝手がよい。

チゴユリ
花よりもグラウンドカバーとして利用価値がある。葉は秋に黄葉する。

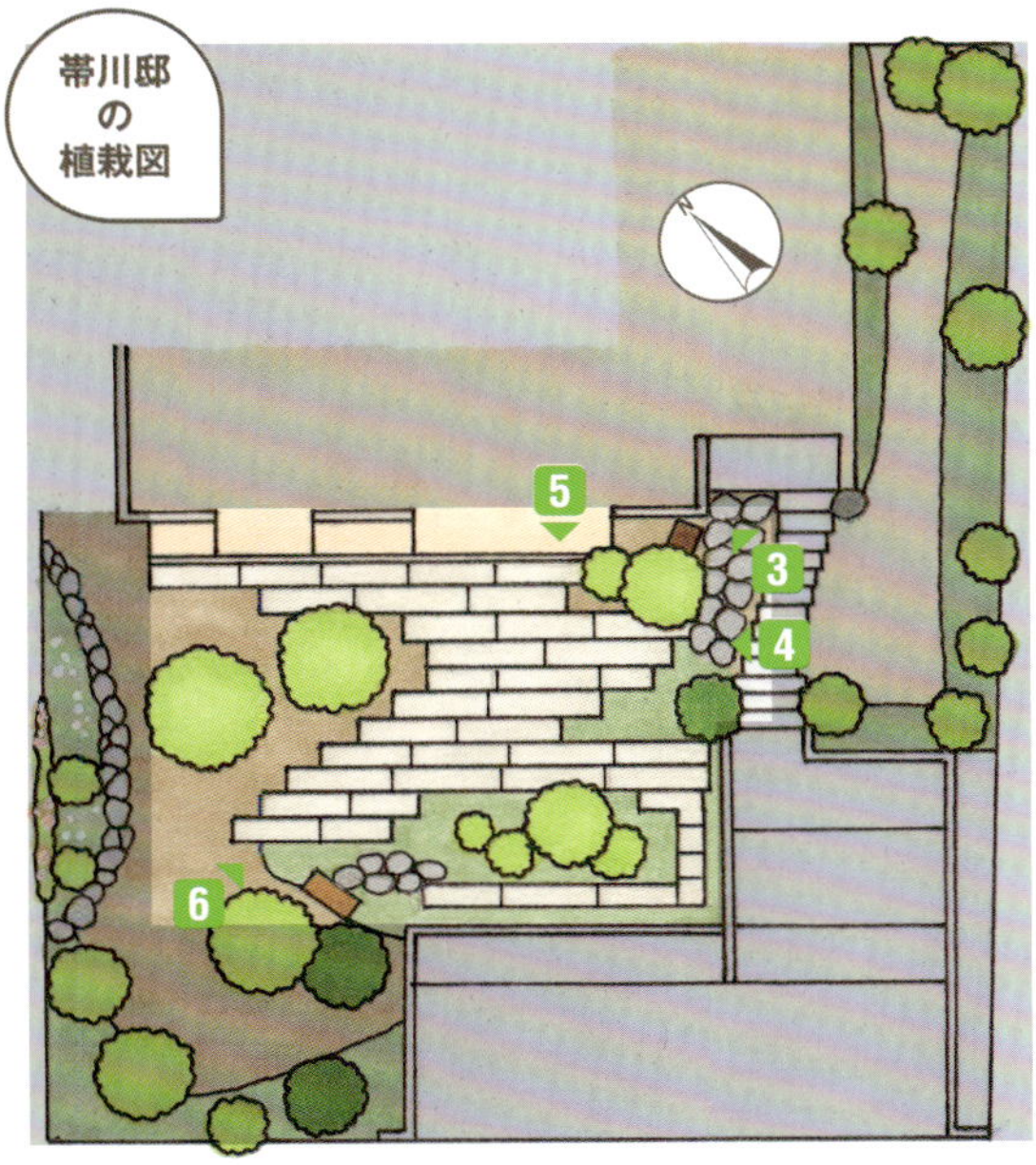

4 敷石のまわりを埋める植物

玄関前から庭を眺めると、草が少ないことがわかる。しかし、地面と敷石の間に生えたワイルドストロベリーが、庭との一体感を出し、全体として調和の取れた庭となる。

5 リビングからの眺め

リビングから窓越しに見る大谷石と雑木と草花は、落ち着いた雰囲気と植物の豊かさが味わえる。帯川さんお気に入りの景色のひとつ。

6 くつろげるベンチ

庭の全景はベンチから眺められる。風を感じ、雑木林の中にいるようなやさしいたたずまいの庭は、ほっとくつろげる時間を提供する。

7 リビング前の小さな雑木林

初春にアブラチャンが小さな黄色の花をつけ、初夏に下草も含めて一斉に葉をつける。秋にアブラチャンが黄葉し、シラキは紅葉する。シラキの美しい幹は葉のない季節でも楽しめる。

春にアジュガ、ワイルドストロベリーの葉がわずか。初夏に低木のコバノズイナが咲き、下草のギボウシ、フタマタイチゲ、ヒューケラなどの宿根草が自然に広がり、飽きのこない色合いになる。

8 メインの植栽

バラのケーニギン・フォン・デンマークは葉の色、花持ちがよいので今ではお気に入りのひとつ。枝を水平に誘引させて空間を埋めるとともに、花芽がつきやすくなる。初春は下草も生えていないが、初夏には地中に眠る下草が一斉に芽吹く。

下草は、高さのあるリクニス、ホタルブクロ、その下にブルネラなどの地をはう植物を組み合わせ、立体感をつくる。葉色の違う組み合わせが緑のグラデーションになっている。

黄色のバラはチャリティー。木陰で生育するためそれほど大きくならない。咲きはじめた黄緑色のアナベルとチャリティーの色の組み合わせが帯川さんの好み。

省スペースでもきれいに花を咲かせる庭

Point

- 植物と小物の組み合わせは、家とのバランスを考える。
- ピンク色や白色を基調とした花で色に統一感を持たせる。
- 宿根草を中心とした植栽でローメンテナンス。

上田市　古川邸

完成
1994年（1999年改修）

下草
コクリュウ、チゴユリ

草花
オダマキ、ギボウシ、ラムズイヤー

樹木
バラ、アナベル、アメリカコデマリ

小屋前の小さなスペースには、たくさんの植物が植えられている。（→P32 5）

目立たない植栽が狭い庭を生かす

「はじめは、庭が道路と建物の間に細長く残るだけだったので、目隠しに雑木を植えて、部屋からの眺めのよい落ち着いた雰囲気にしたいと思いました。また、手入れもそれほど必要ないローメンテナンスの庭を目指しました」

　庭に雑木が植えられて数年後、駐車スペース奥に小屋がつくられました。小屋の屋根は狭さをカバーするために片屋根になっています。

　古川さんの庭はおよそ10坪と狭く、植栽スペースはさらに限られています。植栽のメインはバラです。バラはオールドローズやイングリッシュローズなど、雑木に合わせて自然の雰囲気になるものがほとんどです。植えられている草花はヒューケラやコクリュウ、ラムズイヤーなど雑木とバラによく似合うものが選ばれています。

「狭い庭なので、植物は基本的に大きくならないものを選んでいます。草花はたくさん入れずに、花が目立ちすぎないような植物を選んで入れています」

　どの庭でもいえることですが、日当たりやスペースなどの限られた条件の中で、その条件に適した植物を植えることが大切です。古川さんの庭は東側の庭は木陰となり、ギボウシなどの半日陰で育つものを選んでいます。また、小屋前の植栽もバラを引き立てる目立ちすぎないものが選ばれています。草花はメインにする植物を決め、メリハリをつけた植栽をするように心がけましょう。

「普段はどうしたら居心地のいい庭になるか考えては庭を歩いています。狭い庭でも植物のことや植物以外の小物やテラコッタの鉢など、家と庭のバランスを想像しているときが楽しいですね」

リビング前の庭は落葉樹と常緑樹がバランスよく植えられ、秋に美しく紅葉する。

1 駐車場スペース

アプローチは駐車場と兼用の広いスペース。限られた植栽スペースに雑木と下草が植えられ、庭との統一感を出している。四季を通じて植物の変化が楽しめる。

駐車場のすき間のスペースには鉢植えのバラなどを配置し、コンクリートの広い空間をやわらかな印象に。鉢の下には味のある木片を敷いて、小屋へのアプローチと高さを合わせている。

2 半日陰の植栽

木陰には半日陰に強いアナベル、ギボウシ、ラムズイヤーなどを植え、暗くなりがちなところでも緑が鮮やかな空間になる。葉の色・形の変化、高さの違う組み合わせで、立体感のある植栽に。

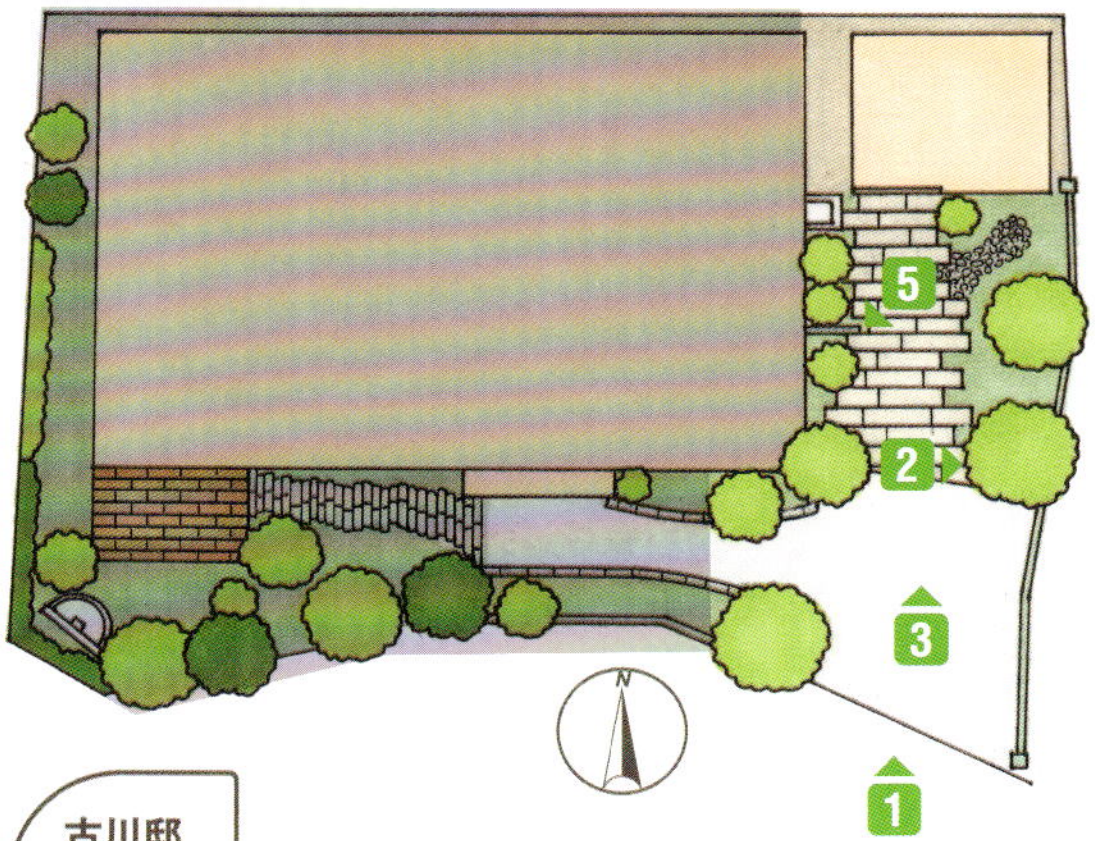

古川邸の植栽図

3 小屋前へ向かう道

バラをはじめとする草花が花を咲かせる。小屋前には大谷石が曲線状に敷かれた小道となっている。曲線となることで広さを感じさせ、先が見えないことで庭の期待感が高まる。古川さんのお気に入りの景色。

バラ／ラウプリッター

一季咲きの深いカップ咲き。枝はしなやかで誘引しやすい。

クレマチス／ミケリテ

濃いえんじ色で、咲き進むと青を帯びで紫に変化する。

バラ／バレリーナ

四季咲きの一重咲き。フェンスや壁面などにも誘引できる。

アジュガ

葉の色が濃い紫色で、グラウンドカバーとしてよく利用される。

4 壁面を使った立体的な植栽

木製のフェンスには、ピンク色のバラが花を咲かせる。家屋の壁面にラウプリッターを誘引し、土のない部分にはテラコッタの鉢植えのバレリーナでボリューム感を出す。

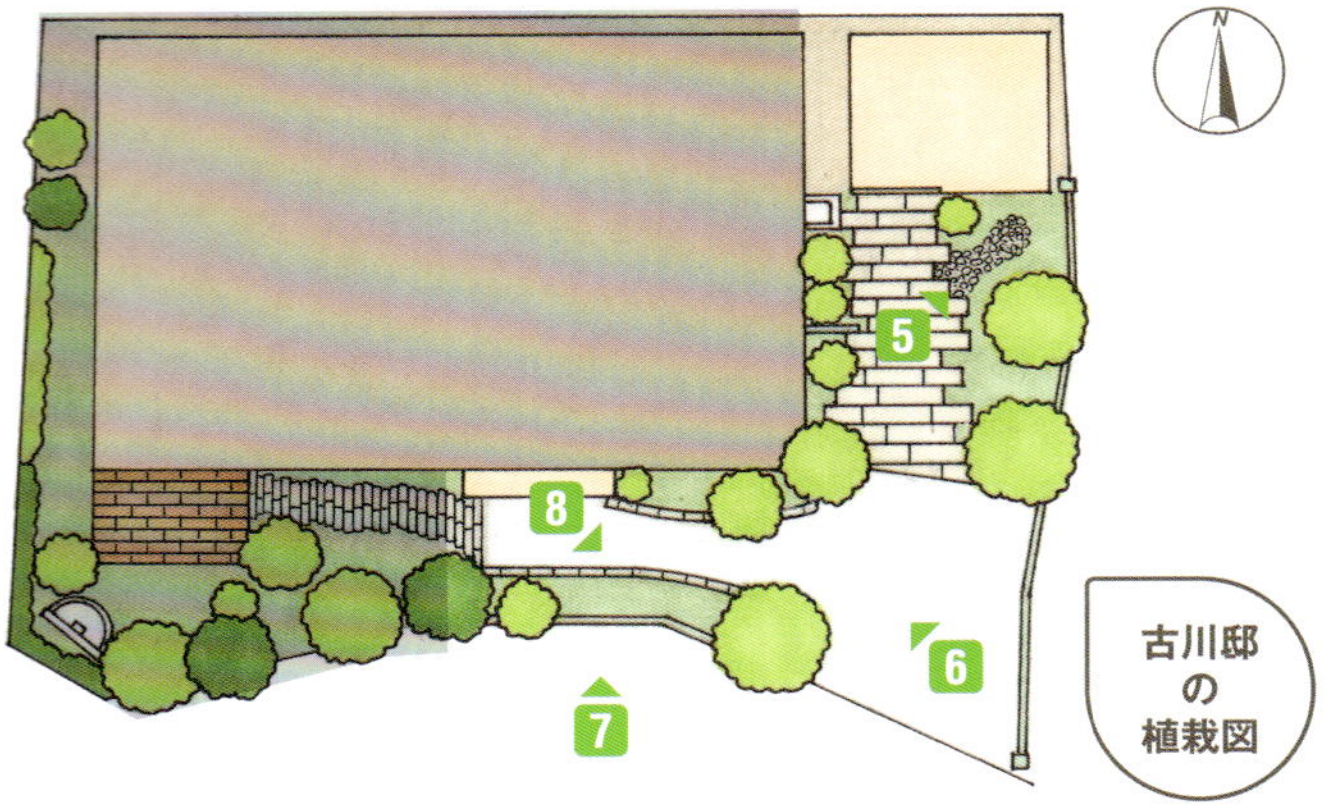

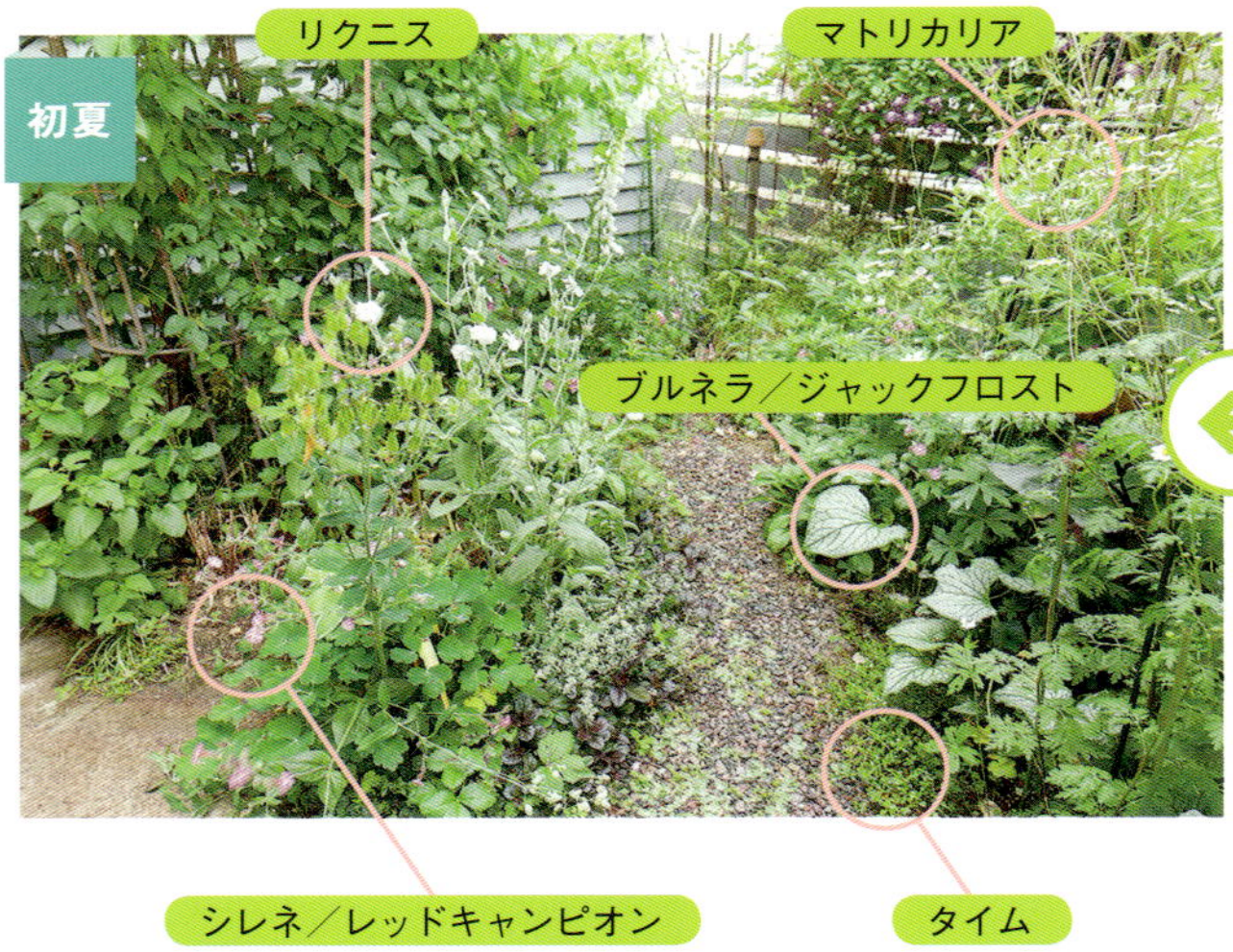

5 小屋前の小さな花園

小屋前のわずかなスペースには、たくさんの植物が植えられている。初春にはごくわずかだった植物は、春～夏へと季節が進むにつれ、土が見えないほど茂る。

6 縦へ広がる植栽

玄関へ向かう石積みには雑木が植えられ、秋にきれいに紅葉する。高木の下には低木、足元に植えられた草花が縦の空間を埋め、アプローチと対比し、メリハリをつける。

7 外観も植物で彩る

庭の外観は道行く人を楽しませるもの。塀にはバラとツタが誘引され、季節とともに構造物をやさしく包み込み、季節ごとにその表情を変えていく。

8 玄関前の石積み

半日陰になる玄関前の石積みは、塀にはわせたバラなどが植えられ、下草はフウロソウなど、比較的半日陰でも育つものを利用。テラコッタの鉢や小物は、家と庭のバランスを考えて雰囲気に合うものを選んでいる。

9 リビング前の雑木の庭

西側の雑木の庭は葉のない季節には日光を取り込み、夏は葉が茂って強い日射しをさえぎる。秋には紅葉も楽しめる。通路のレンガは古川さんが敷いたもの。

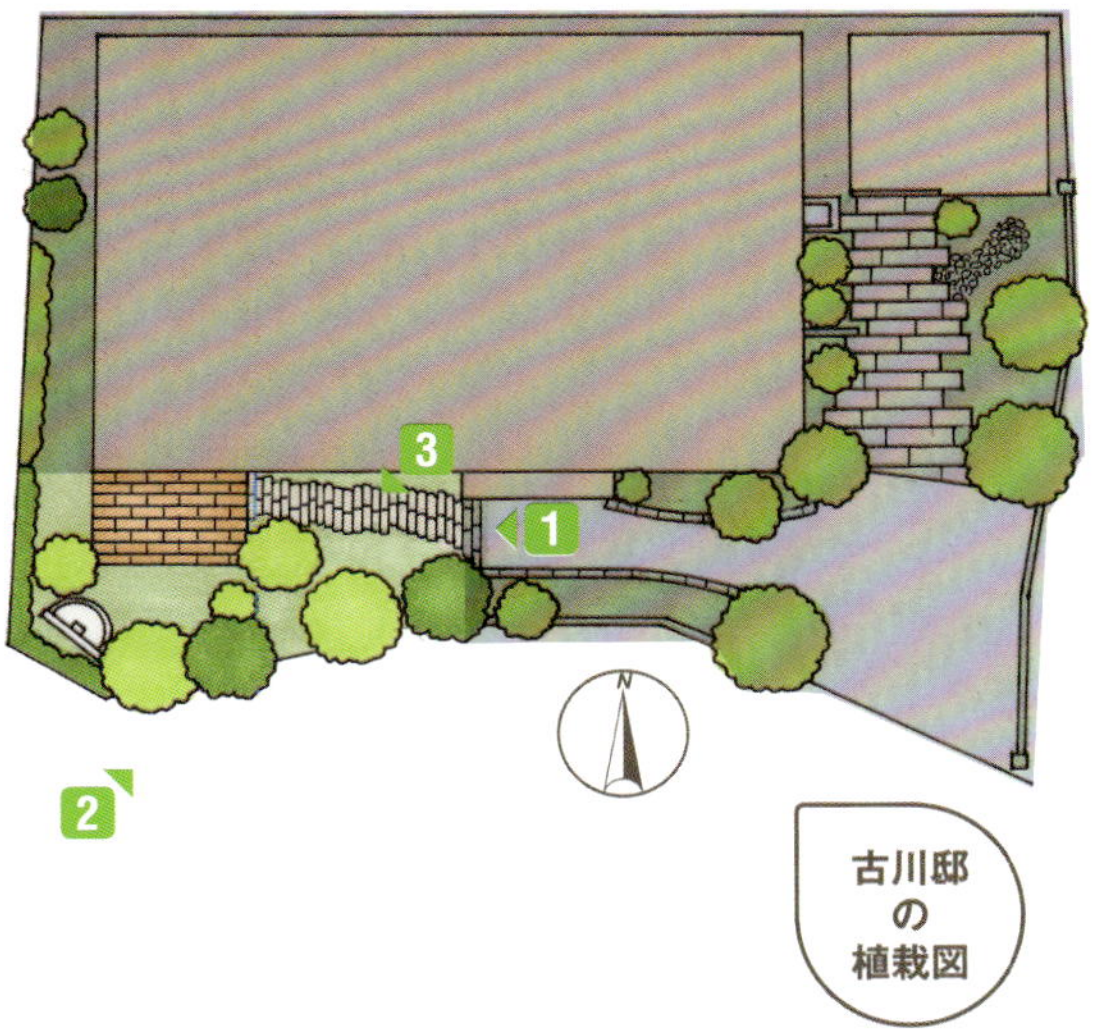

10 目隠しとしての樹木

樹木は落葉樹だけでなく、常緑樹も植えてあることが分かる。落葉樹の葉が落ちて適度に日光を取り込みつつ、常緑樹が外からの視線をさえぎる「目隠し」として、実用的な役割を果たす。

11 半日陰で育つ下草

木陰になる下草は、ギボウシ、チゴユリを中心に半日陰でも育つものを選ぶ。春に芽吹いたときには土が見えていた場所も初夏には大いに茂る。

Point

雑木をメインにした木陰の庭

- 控えめな草花とメインの雑木で小さな自然を再現。
- 草花は各季節に咲く花を選ぶ。
- 新しく植える草花は鉢植えで楽しむ。

上田市　安藤邸

完成
1995年
下草
イカリソウ、フウロソウ
草花
バラ、ペレニアルフラックス、ラン、ホタルブクロ
樹木
ハクウンボク、ブナ

木々に囲まれた大谷石のアプローチは、落ち着いた雰囲気。フェンスにはわせたバラのフランソワ・ジュランビルが初夏を彩る。(→P40 5)

雑木と草花で小さな自然を再現

雑木をメインとした庭は緑が鮮やかで、控えめな草花が木陰をささやかに彩ります。

「私は山野草が好きなのです。雑木や野草など小さな自然を庭に再現したいから、その雰囲気を壊さない範囲で、はっとするような姿形のいい花を入れたいですね」

安藤さんの庭は宿根草を中心に、目立ちすぎない草花が多く見られます。季節によって咲く花が次々と変化し、花が終わったものは、庭の緑をつくります。

宿根草は自然に増えると、人が植えたものと違って自然の雰囲気になります。毎年植え替えをする花壇では、人の趣向が目立ってなかなか自然な感じにはなりません。

「ずいぶんたくさんの植物を植えてきましたが、枯れるものは枯れて、増えるものは増えています。草花にも栄枯盛衰がありますね。ほんの小さな庭でも小さな小さな宇宙のようです」

安藤さんの庭ではほとんどの草花が定着して、新たに植えることはほとんどありません。新しく庭に草花を迎えるときは鉢植えにします。ふつうは寄せ植えで使わないような草花でもこの庭にはよく似合います。

「いろいろと好みは変わっていますが、今はブルー系の花が好きです。栽培の難しい山野草には挑戦したい気持ちが高まっています」

庭は自然と同じものではありません。人の手が加わることで生活の一部である「庭」がつくられます。自然風の庭では芽吹き、花、若葉、紅葉、落葉、すべての季節に四季を感じることができます。そこに、ガラス製のブイなどの人工物が加わることで、植物と引き立て合って、引き締まった景色をつくります(→P42 8)。

雑木の下にバラや下草が茂る、小さな森のような植栽。

1 常緑の生垣で目隠し

車の往来がある通り沿いには、常緑のネズミモチの生垣が防音と目隠しを兼ねている。また、足元に常緑のアイビーを植えているので、土が見えずに構造物と植物が一体となる。

2 東側にある石積みの植栽

東側の外から見える低い石積みには、ヤマボウシ、ソヨゴなどの樹木、グラウンドカバーには常緑のツルニチニチソウ、タイムが植栽の骨格をつくる。常緑の植物が冬に緑を、初夏には落葉の植物が大いに茂り、庭を緑のグラデーションにする。

3 バラを絡ませて華やかに

アプローチ横の植栽は、高木になるハクウンボクが目を引く。半日陰の狭いスペースでも下草が茂り、高木の幹が自然の雰囲気をつくり、バラが庭を華やかにする。

木陰にはホタルブクロが咲き、フウロソウの葉、低木のクロフネツツジの葉がグラデーションとなっている。ホタルブクロは自然に増えたもの。

クロフネツツジ

早春に花をつける落葉低木。葉を手のひらのようにつける。

ホタルブクロ

ベル形の花を垂れ下がるようにつける多年草。

フウロソウ／アケボノフウロ（白花）

花期は品種によって違う多年草。葉が裂けているものが多い。

4 玄関アプローチ

玄関へ向かうアプローチには大谷石が敷かれ、その縁に植物が覆いかぶさり、庭に一体感が生まれる。植栽スペースの植物はほとんど変わらないため、季節の花などは鉢植えを置いて楽しんでいる。

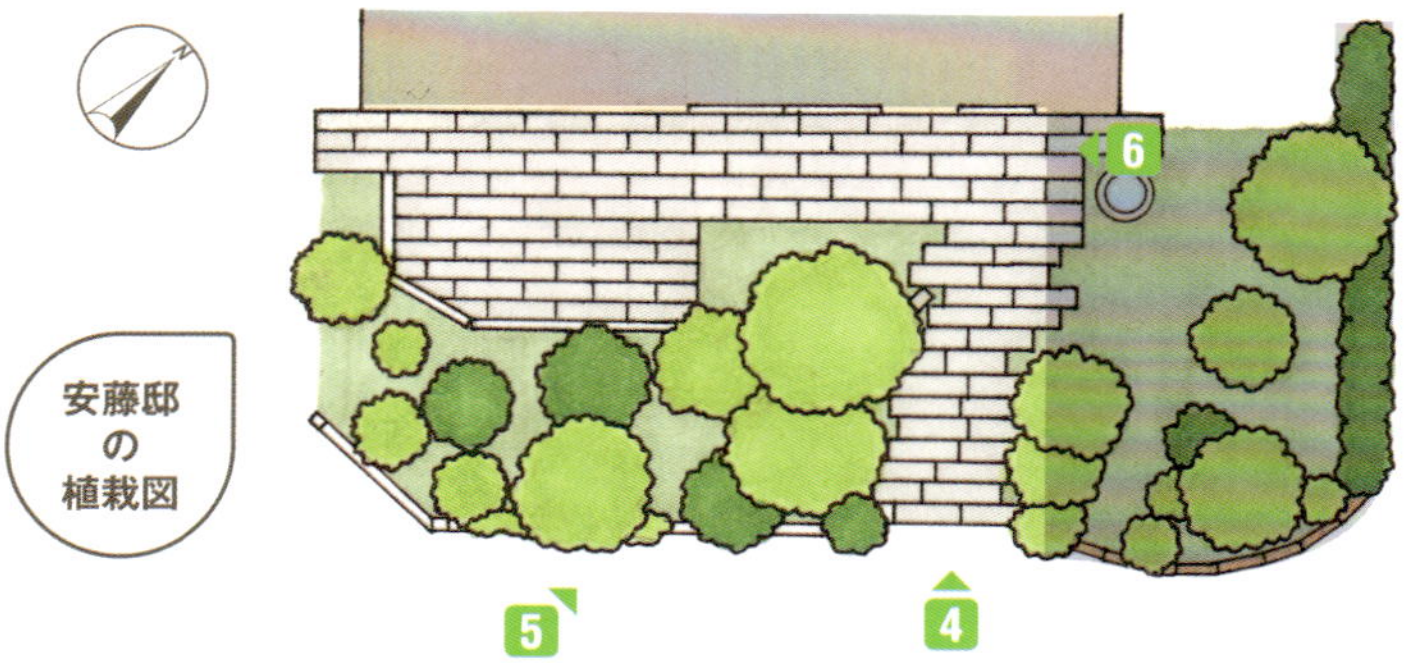

5 フェンスに絡まるバラ

フェンスにはバラのフランソワ・ジュランビルがかぶさるように誘引され、毎年ピンクの花をつける。フェンスの足元にはオレガノやペレニアルフラックスなどが植えられ、構造物の上下の縁を隠すように成長して調和する。

ブナの木陰となる植栽は、フウロソウとイカリソウが中心。春のイカリソウの新葉は赤く、夏には緑となり、秋に紅葉する。下草の緑がブナの白い樹皮を際立たせる。

6 木漏れ日がやさしい庭

雑木と大谷石を中心とした庭は、ほとんどの植栽スペースが半日陰となる。適した下草は植えつけて何年もその場所で茂り、合わない植物は枯れていく。木漏れ日がやさしく下草を照らし、ほとんど管理しなくても茂りすぎることもない。

7 植栽スペースと人の用のバランス

西側から見た庭の全景。大谷石が敷かれた部分が余白となり、庭に落ち着きをもたらす。植栽スペースと人の用となる部分を分けることでバランスのよい庭となる。

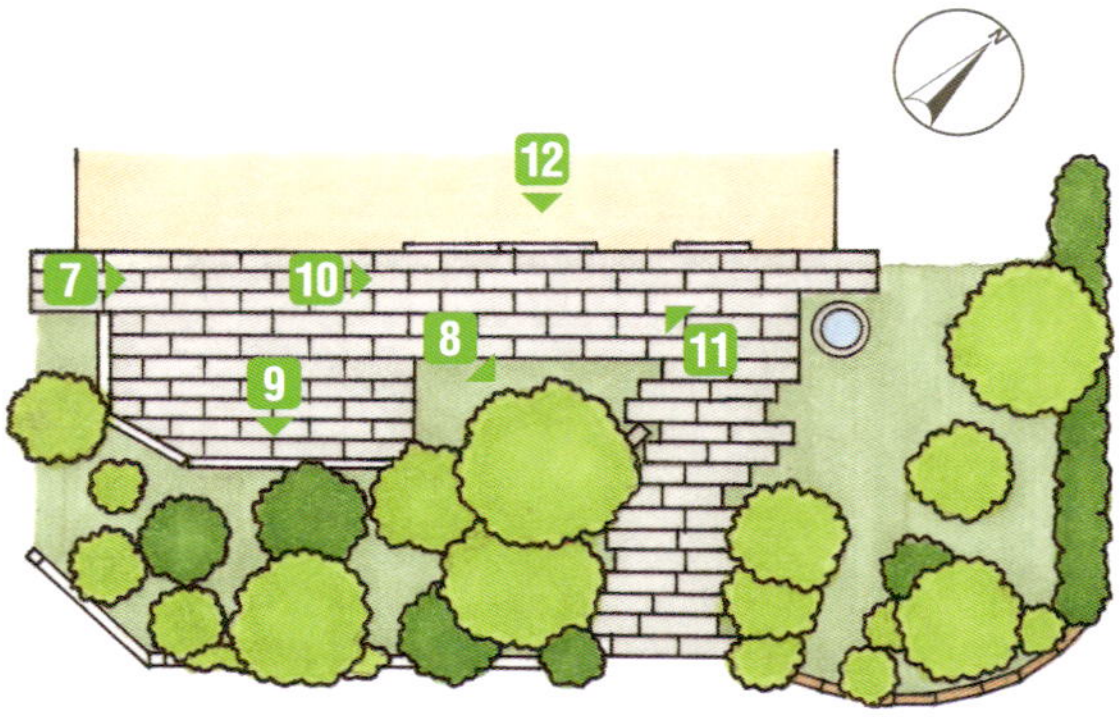

安藤邸の植栽図

8 ガラス製のブイと植栽

庭は造形物があることで植物とのバランスを取る。越前焼の瓶やガラス製のブイとポストは、ブナの樹皮とシロヤマブキ、ギボウシなどとバランスを取り、引き締まった景色をつくる。

9 フェンスの内側で咲くスミレ

西側の植栽スペースは樹木とフェンスでほぼ日の当たらない場所となる。春には根付いたスミレが一面に咲く。ほかの多くの下草はこの環境では花つきが悪くなる。

10 フォーカルポイントの水瓶

西から東側を見ると、水瓶が目線を集中させる「フォーカルポイント」となっている。景色を引き締めるとともに、水瓶は庭に水を呼び込む便利なアイテム。

11 窓際のグリーン

家と庭の境には鉢植えの植物で調和させる。ギボウシ、フウチソウなどお気に入りの植物を鉢植えにし、植物がほしい場所に置く。安藤さんはグリーンのグラデーションになるよう、葉の形、色の違う多年草を選んで植えつけている。

12 室内からの眺め

室内からは春の芽吹き、夏に茂る樹木や下草、そして秋の黄葉と落ち葉など、季節の移り変わりを見ることができる。部屋から庭を眺めることも安藤さんの楽しみのひとつ。

こぼれダネで毎年花を楽しむ庭

Point

- 基本的にローメンテナンスですむように最低限の植栽。
- こぼれダネや群生する植物を楽しむ。
- 白花を中心にした植栽で色彩を統一する。

上田市　古田邸

完成
2009年

下草
フウロソウ、ラベンダー

草花
コスモス、シャスターデージー

樹木
ジューンベリー、ヤマボウシ

初夏の古田邸はムシトリナデシコ、ラベンダーが咲き、コスモスが成長しはじめている。

自然にまかせるローメンテナンスの庭

古田さんの庭木は、ほとんどが落葉樹です。冬枯れの庭から少しずつ植物が芽を出し、茂ってくる様子は季節を色濃く感じさせます。

冬から初春の庭は草花がない状態ですが、春、夏、秋と植物が移り変わります。

「白色の花が好きで、春にリキュウバイ、ジューンベリーなどが満開になると、春がきたなと感じます。花を見ながら花と会話しているときが楽しいですね。夏はシャスターデージーやフウロソウ、秋はコスモスが庭一面を彩ります。冬は葉を落とした木々に雪が積もって、綿帽子をかぶった真っ白の庭を部屋から眺めるのもすてきです」

庭は施工時のリクエスト通り、低木、中高木が数種類のみのシンプルなつくり。そこへ草花が色を添えます。樹木の葉が茂り、ウッドデッキから眺める木漏れ日は古田さんのお気に入りの景色。

植物の多くはこぼれダネで増え、コスモス、ムシトリナデシコ、シャスターデージーなど。コスモスはこぼれダネで毎年自然に生えてきます。白花もあるせいか、こぼれダネで生えたものには白色が混じったものも見られます。

「植物はほとんど手をかけていませんが、毎年こぼれダネで咲く植物が庭を彩ります。大好きなコスモス、フウロソウは年々増えてきて、うれしいですね」

古田さんの植栽は庭の骨格をつくる樹木と、自然にまかせた草花が中心です。シンプルな庭だからこそ、自然な植栽が庭とよく合います。こぼれダネや自然に増える多年草は、手入れもそれほどかからないローメンテナンスの庭となり、「自然の様子がうかがえる庭」として古田さんの生活に彩りをあたえています。

何もなかったところから下草が生え、樹木が葉を茂らせる。

1 春を告げる白花

春の庭は樹木の白い花からはじまる。ジューンベリー、リキュウバイなど古田さんお気に入りの花が咲く。下草はこれからどんどん芽吹き出す。

古田邸の植栽図

春に芽吹いたフウロソウが初夏に花を咲かせ、毎年生育範囲を広げる。花も葉も上品な草姿で、グラウンドカバーとして利用できる。

2 アプローチで感じる季節の移り変わり

初春の庭は、寒さにじっと耐えた植物が動きはじめる季節。初春の庭と初夏の庭をくらべると、同じ庭とは思えないほど植物が生き生きと茂り、季節の移り変わりを色濃く見せる。

3 東側に広がる花畑

初夏には庭の東側が中輪のシャスターデージーで埋まる。元はフランスギクとハマギクの交配でつくられ、多くの園芸品種がある。

4 庭一面に咲くコスモス

コスモスはこぼれダネで増えたもの。春に芽吹いたものはグラウンドカバーとなり、夏に草丈が伸びて秋に花を咲かせる。花盛りの時期には一面がコスモス畑のようになる。

冬でも緑が絶えない庭

Point

- 白とグリーンで統一された植栽。
- 常緑の植物で冬でも緑のある庭に。
- 裏山を借景として庭全体を広く感じさせる。

上田市　滝沢邸

完成
2009年

下草
ツルニチニチソウ、
フタマタイチゲ

草花
バラ、クレマチス

樹木
ジューンベリー、ソヨゴ、
ヤマボウシ（常緑）

初夏には、グラウンドカバーのフタマタイチゲが茂る。

四季を通じて植物を楽しむ庭

「植物が冬の眠りから覚めて春に次々と芽吹くとき、花が咲いて実ができ、秋には色とりどりの紅葉が楽しめる。そんな四季の移ろいが感じられる庭ですね」という滝沢さんの庭は、季節に合わせて変化する植栽です。

樹木や草花のほとんどは落葉ですが、常緑のツルニチニチソウなどのグラウンドカバー、ソヨゴやコメツガ、常緑のヤマボウシ（ホンコンエンシス）などの樹木が、冬でも緑の葉を茂らせます。とくに、ワイルドストロベリーは白い実をつける珍しい品種（→P51 4）で、常緑のヤマボウシは最近人気の樹木です。

植栽の色調は白とグリーンで統一され、ジューンベリーやハクウンボク、バラなどの樹木やフタマタイチゲなどが白花を咲かせます。挿し色としてツルニチニチソウの青紫色の花のほか、赤色の植物が入ることもあります。

「自然な感じの庭になるようリクエストして雑木を植えてもらいました。コナラが見える庭の入り口から玄関へのアプローチと、玄関から見える外灯に寄り添うオオカメノキ（ムシカリ）の景色（→P51 3）がお気に入りです」

オオカメノキは、自然では落葉樹の下に生える低木で、半日陰で育ちます。滝沢さんの庭でもコナラの下の半日陰に植えられ、適切な環境で育てられています。植栽は植物に合わせた場所を選ぶことが大切です。オオカメノキの花は白色で秋には紅葉と赤色の実をつけます。大きな葉は存在感があり、ほかの植物と引き立て合います。

また、滝沢さんの庭は樹木や草花の芽吹きとともに、裏山全体も一斉に葉が開きはじめ、借景としても楽しめることも特徴のひとつです。

春の芽吹きの庭。裏山の借景が庭に広がりを感じさせる。

1 玄関アプローチの植栽

入り口から玄関へのアプローチは、植物の四季折々の変化を楽しむことができる。滝沢さんのお気に入りの風景。

2 東側道路沿いの植栽

植栽は白とグリーンを基調とした色を選ぶ。挿し色としてラベンダーの紫などが入る。樹木の下に植える下草は半日陰でも丈夫に育ち、自然と増えるものを。

4 庭一面に茂る白実のワイルドストロベリー

下草のワイルドストロベリーは熟した実が白色の品種。冬でも葉が枯れないため、冬を彩るグラウンドカバーとして重宝する。

5 緑と白バラの組み合わせ

滝沢さんが植えているバラはほとんどが白色。雑木の緑とバラの組み合わせは、庭を自然風に見せる。写真はラ・マルク。

3 下草と樹木の紅葉

秋には茂った下草が枯れ、常緑のツルニチニチソウと入れ替わる。ギボウシの黄葉と低木のオオカメノキの紅葉が秋を感じさせる。

6 常緑の下草で冬でも緑に

春、ツルニチニチソウとワイルドストロベリーで覆われた場所は、初夏になるとシモバシラとギボウシが目立つようになる。どちらも多年草で毎年株が増えて大きくなる。

樹木と草花が奥行きを感じさせる庭

Point

- 余白を生かして樹木を効果的に配置。
- 豊富な緑が草花を生かす。
- 手がかけられない分は植物にまかせる。

上田市　春原邸

完成
2011年

下草
セダム、タイム

草花
バラ、シモツケ、スイセン

樹木
アオダモ、アカシデ

タイムのグラウンドカバーとバラの間に、イベリスとヒューケラ、銅葉のリシマキアをかわいらしく配置。

植栽の配置で庭を広く見せる

春原さんの庭は広く見えますが、樹木を効果的に配置することによって、植物の広がりを感じさせています。

下草などの植栽は、樹木で十分な景色がつくられているため、主張しすぎない草花が選ばれています。配置された樹木が視線の道筋をつくり、その下に植えられている草花が茂ることで、庭を奥行きのある風景にしています。

「平日はフルタイムで働いているため、庭の手入れは週末に限られてしまいます」と語る庭の多くは、通路と駐車スペースで、その間をつなぐように樹木が植えられています。

草花の植栽スペースは、それほど広くなく、花壇はアプローチ沿いと家屋の近くにあります。

庭にかけられる時間が少ないことから、植えられている草花は多年草やグラウンドカバーがほとんどです。多年草は、毎年自然に広がるため、庭はナチュラルに仕上がります。とくに、グラウンドカバーとして利用しているタイムは石積みの縁からあふれるように広がり、緑豊かな庭に変えています（→P56 5）。

庭をつくるときに希望した「雑木林のような庭」は、人気のアオダモをはじめ、イロハモミジやアカシデなどの雑木が中心となり、季節によって表情が変わります。

「とくに好きな季節は春です。さまざまな木々が芽吹く様子がいちばん心躍りますね。下草などの植物は、家と庭が調和するかどうかを考えて選んでいます。とくにアオダモの周囲（→P57 10）はお気に入りの場所になりました」

植物にまかせた庭づくりでは、広がりすぎたら摘み取る必要はありますが、人の手ではつくれない風景が季節とともに展開していきます。

木々の若葉が芽吹くと春を感じさせる風景に。

1 季節が移ろう庭

駐車場と舗装路が余白となり、奥行きのある庭をつくる。季節が進むにつれて植物が茂り、アオダモの涼やかな姿とシンプルな表札がよく似合う。

春原邸の植栽図

2 フェンスの目隠し

フェンスにはバラのブルー・マジャンタをはわせて目隠しとする。また、道行く人にもバラを楽しんでもらえる。

ミントなどの緑を中心に、シモツケなどの淡い花色が調和して、バラの濃い色が引き立つ。

バラ／ムンステッド・ウッド
濃い赤色のイングリッシュローズ。
近年人気のバラのひとつ。

ペパーミント
グラウンドカバーとして利用。繁殖力が強いので茂りすぎに注意。

シモツケ／ゴールドフレーム
葉が黄色の品種。
花は淡いピンク色〜ピンク色で咲く。

3 玄関アプローチ

玄関へのアプローチはクリーム色の上舗装。正面にある濃い赤色のバラのムンステッド・ウッドがフォーカルポイントとなっている。

4 芝の小道

庭の西側は石積みで一段高くなっており、芝の小道に、雑木類が植えられている。初夏にはヤマボウシの花が咲き、この小道から家まで気持ちよく歩ける。

5 タイムのグラウンドカバー

家の近くの花壇は一段高い石積みで、グラウンドカバーのタイムが石積みからこぼれるように茂る。

6 色の対比で引き立て合う

渋い葉色のヘンリーヅタと、さわやかな花色のクレマチス／プリンスチャールズがフェンスで茂る。濃い色と淡い色が対比してお互いを引き立てる。

7 アプローチ横の植栽

入り口横の花壇は初春にスイセンが顔を出し、春にはシロヤマブキ、初夏には葉が茂り、オルレアなどが花を咲かせる。

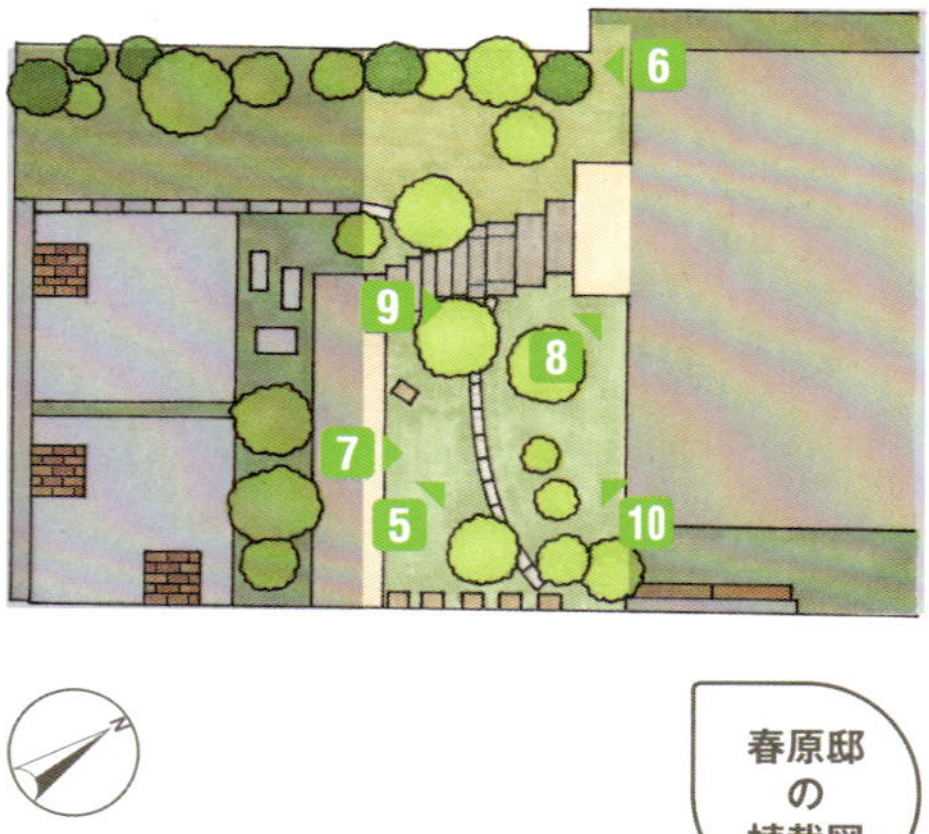

春原邸の植栽図

9 自然に生えた野草も利用

ヘビイチゴは自然に生えてきたもの。大谷石と石積みとの取り合わせもよい。ワイルドストロベリーよりも大きな実がかわいらしい。

8 玄関のグラウンドカバー

セダムをグラウンドカバーとして利用すると、ほとんど手をかけなくても育つ。庭に緑を供給し、ほかの雑草を生えなくさせる。

10 玄関横の小道の植栽

アオダモの近くには、イベリスやヒューケラ、リシマキアが植えられ、初夏にはリクニスやバラが咲く。

水田を背景に樹木と草花が映える庭

Point

- 借景として水田を利用した庭づくり。
- 樹木は葉の形、幹の色と手触りで選ぶ。
- 草花は庭に合い、茂りすぎないものを選ぶ。

上田市　橋詰邸

完成
2007年

下草
フウチソウ、ジャノヒゲ

草花
チューリップ、ペンステモン

樹木
アオダモ、アナベル、ショウジョウノムラ

同じ場所でも季節ごとに違う花が咲くように、アネモネ（写真右）、チューリップ（写真左）が植えられている。

株立ちの木で林のような風景を

「夏の暑い日に草取りをして、ウッドデッキに腰かけ、庭を眺めながら夫婦でビールを飲むときが最高です」

橋詰さんがウッドデッキから眺めているのは、水田を借景にした庭の景色。水田を生かしたいと希望したことから、フェンスなどはつくられていません。そのため、水田をなぐ風が庭に直接そよぎます。

「樹木は落葉樹をメインにして、とくに幹の手触りと色、葉の形、手頃な価格にこだわりました。草花は花期が長いもの、ほかの草花と共存できるものを選んでいます。繁殖しすぎるものは避けます」

駐車場から庭を見て、正面にあるモミジのショウジョウノムラ（→P61 3）は、グレーの樹皮となめらかな手触り。植えた当初は幹がやや曲がった形でしたが、現在は庭によく似合う姿となっています。

樹木は株立ちのものが多く植えられ、1株でもボリュームのある葉を茂らせています。また、株立ちの樹木は、幹がたくさんあるため、複数植えると小さな林のような風情があります。

樹木の下には、フウチソウをはじめとした樹木とよく似合うもの、花期の長いシモツケなどを組み合わせています。また、季節ごとに花が咲くようにアネモネ、チューリップ、ペンステモンなどが植えられ、花が連続して楽しめます。

「この玄関までのアプローチはお気に入りの景色ですね。ぐるっと回り込む感じがなんともいえません」

駐車場から玄関までのアプローチは弧を描くような形で、歩くと風景が次々に変わり、短い距離でも庭を広く見せます（→P60 1）。

橋詰さんの庭は、借景の水田を生かしながら、植物と楽しんでつき合う庭といえます。

株立ちのアオダモの下には花期の長いシモツケ。

1 玄関アプローチ

ポスト周辺は橋詰さんのお気に入りの景色。玄関の出入りのために毎日眺められ、株立ちのカンボクとアオダモの葉が美しく広がる。庭に合うようにポストはシンプルな黒。

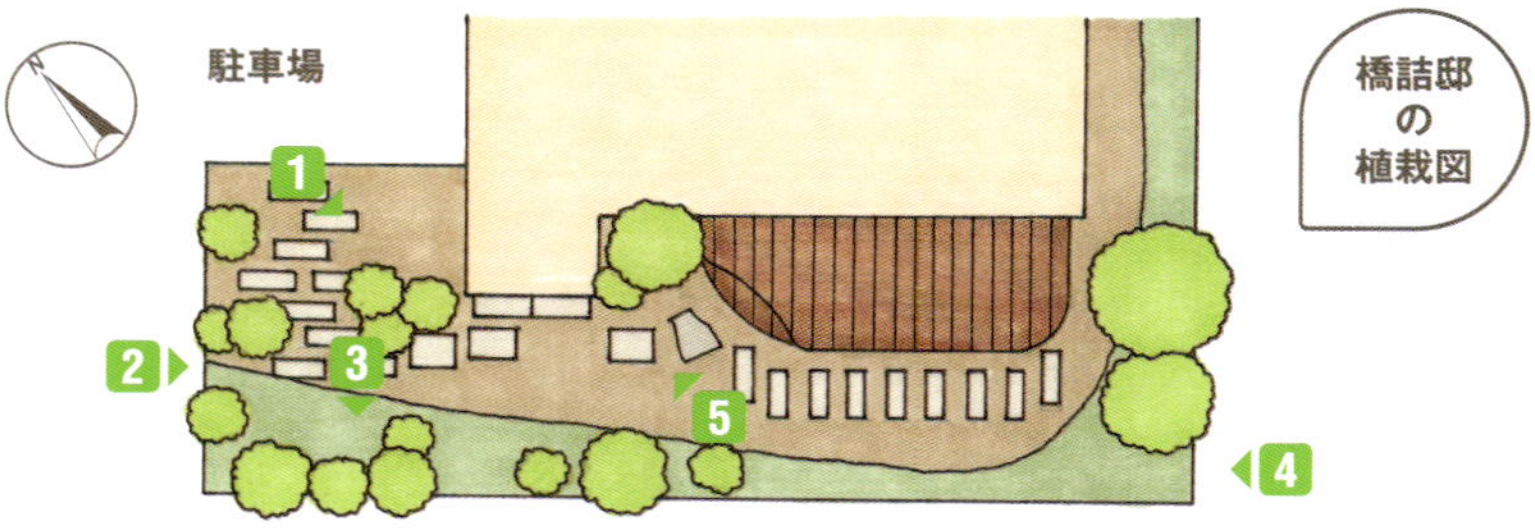

2 西側から見る庭の移ろい

駐車場からのアプローチは御影石が敷かれ、草木で囲まれている。春は木々が芽吹き、初夏にはアナベルが咲いて新緑が美しく、秋には紅葉する。水田の借景も草木とともに季節を感じさせる。

3 駐車場南側の樹木

駐車場の南側には、橋詰さん好みのなめらかな幹の樹木が並ぶ。下草にはギボウシなどが植えられている。

4 緑が茂る空間

庭の西側には株立ちのジューンベリーと常緑のシラカシ。グラウンドカバーとして常緑のタイムがあふれるように茂り、葉の色・形、高さの違う植物を立体的に組み合わせて、緑のある空間となっている。

5 玄関横のカエデとフウチソウの変化

玄関横の植栽はコハウチワカエデの下に低木のドウダンツツジ、下草にフウチソウとクリスマスローズ。フウチソウはある程度高さもあり、芽吹き、若葉、紅葉と季節によって表情を変える。

部屋からの眺めを大切にした庭

Point

- 細い葉の植物で風を感じる。
- 部屋から四季折々の変化が眺められる。
- 隣家との境を格子の高いフェンスできれいに隠す。

上田市　矢澤邸

完成
2012年

下草
シマアシ、フウチソウ

草花
ギボウシ、デルフィニウム、バラ

樹木
ヒメシャラ、ダンコウバイ、アオダモ

細長い葉のフウチソウは風になびきやすく、室内からでも風を感じることができる。

風がそよぎ四季折々の植物の姿を楽しむ

矢澤さんの庭は細長い和風の庭です。しかし、数年前にリビングから四季折々の変化を感じられるような庭にしたいと、一部を新たにつくり変えました。

「部屋から眺めていると四季折々の草木の変化が楽しめて気持ちが安らぎますね。植えている植物はほとんどプロに相談しながら、デリケートで品のよい彩りのものを選んでいます」

植栽は、白いツバキに似た小さな花を咲かせるヒメシャラ、葉に浅く切れ込みが入るダンコウバイなどの株立ちのものが植えられ、葉が茂ると雑木林のようです。

リビングからは落葉樹のアオダモとヒメシャラが見え、花や葉だけでなく、樹皮と幹も見どころのひとつです。アオダモの下には小さな花壇があり、ルピナスやデルフィニウムなど季節ごとに植え替えて楽しめます（→P64 3）。

「元のフェンスはプラスチック製の竹垣を利用していました。ただ、風化していく変化もほとんど見られないのと、低くてリビングからの眺めに隣家も入ってしまうので、高さのある木製のものにしてもらいました」

新しい庭は、和風の庭と分けるように木製のフェンスが囲んでいます。フェンスは格子状なので、高さがあっても風が通り、草木の葉が涼しげに揺れます。下草のフウチソウ、シマアシ、ワイルドオーツなど葉が細長いものは庭にやわらかな曲線を描きます。また、風になびきやすく、部屋にいながら風を感じることができます。

風、植物の変化が目で見える矢澤さんの庭は、外に出なくても自然を感じることのできる、誰にでもやさしい庭ともいえるでしょう。

初夏には株立ちの樹木と下草が小さな庭に茂る。

6 井戸風の花壇

井戸風の花壇は、庭の雰囲気によく合い、この場所でいちばん目を引くポイント。植えたばかりの頃は土が見えるほどだが、季節が進むにつれてあふれるように茂る。初夏には葉柄の赤いスイスチャードがよく目立ち、バラ／ラウブリッターやシレネなどが彩りを添える。

スイスチャード

ホウレンソウの仲間の野菜。大型の葉で、葉柄は赤、ピンク、オレンジ、黄色などの色がある。

セージ

ハーブとしても知られ、葉の色、形が特徴的。葉の色の違う品種もある。長島さんのお気に入りの植物。

アリッサム／サミット

黄花のアリッサム。白花などのアリッサムよりも花つきがよい宿根草。

クレマチス／ビチセラ・ベティ・コーニング

花はベルのような形で、淡い紫色。花つきがよく、丈夫で育てやすい。

バラ／ラウブリッター

深いカップ咲きで、ころころとしたピンク色の花を咲かせる。花期が長く、花持ちがよい。

シレネ／ユニフローラ

花は壺形で白く、斑入りの葉も美しい宿根草。

7 西側中段の花壇

花壇にはたくさんの下草やクレマチスが植えられている。初春にプルモナリアとクリスマスローズが咲き、初夏にはたくさんの葉が茂る。緑の中に銅葉の樹木がアクセントとなり、鉢や背景のレンガが庭の表情をつくる。

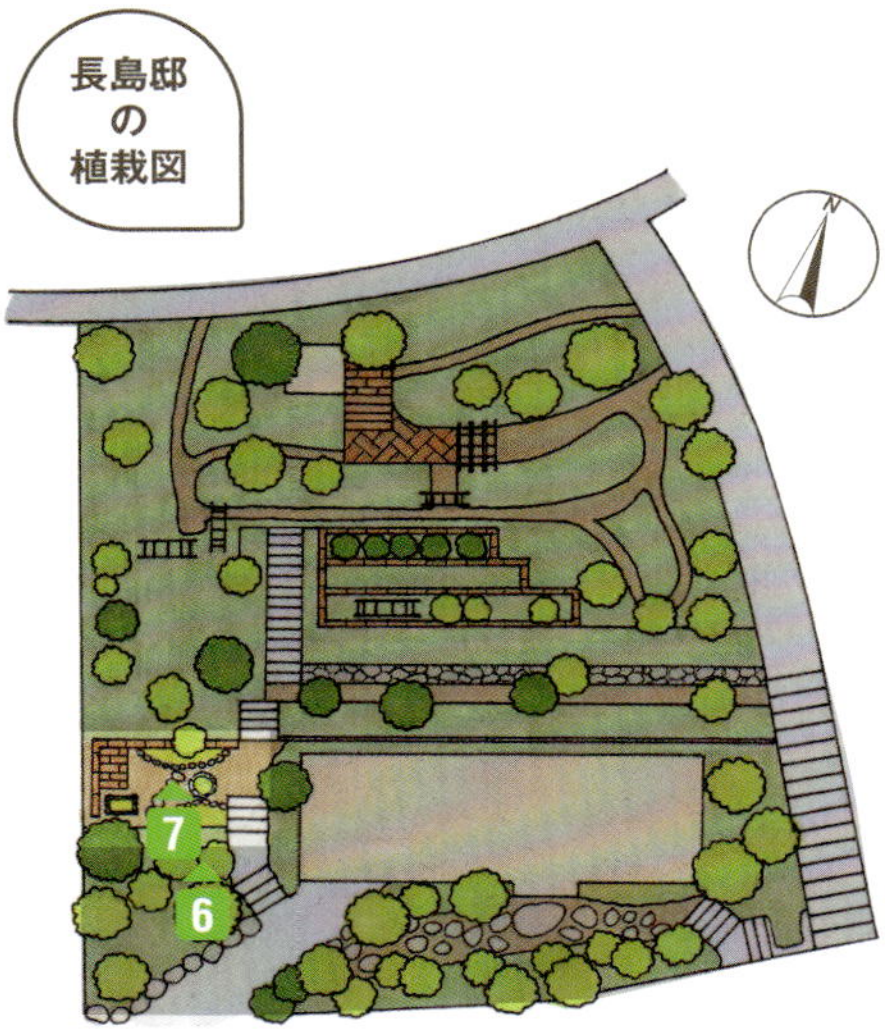

グリーンで統一された植栽。ギボウシの大きな葉と、リクニスの淡い色の葉が調和し、白い花がアクセントになっている。

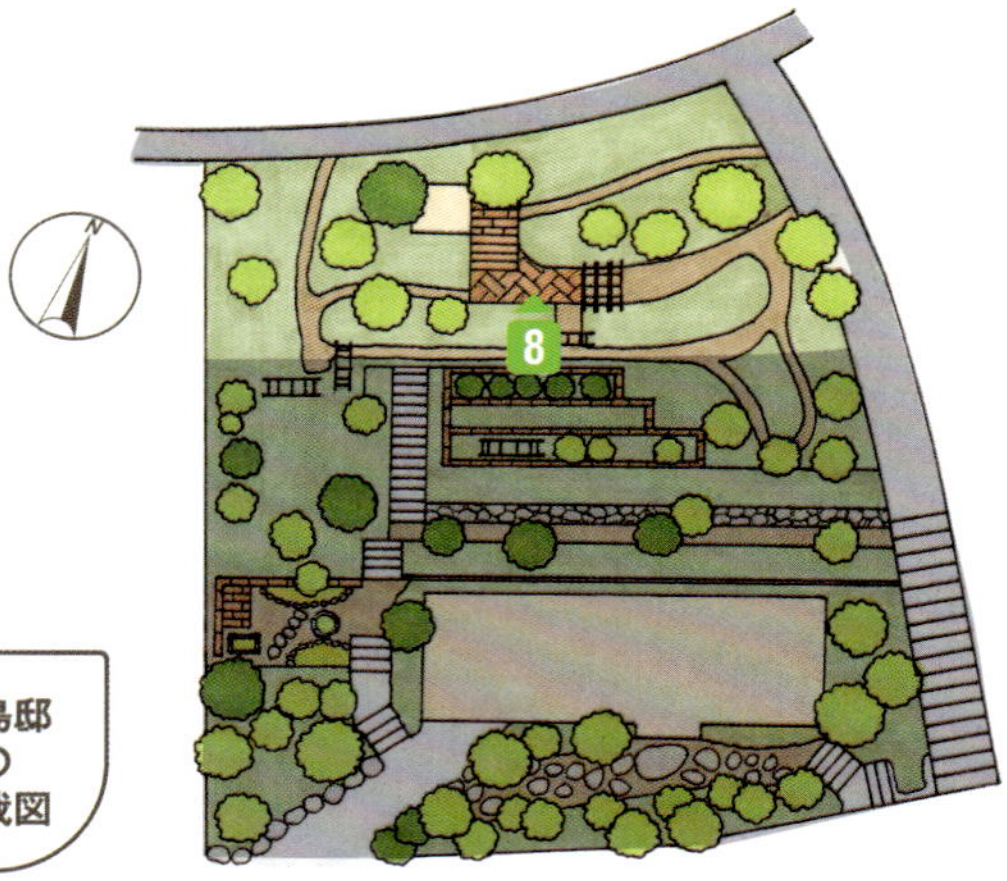

ベルがついた飾りのまわりに、黄色のルーと淡いピンク色のバラの花が鮮やかに彩る。花と葉の大きさと形の違いで豊かな植栽となる。

8 テラスの北側 メインガーデンの植栽

メインガーデンの植栽は色とりどりの草花が彩る。宿根草やバラを中心に、季節ごとに花が変わる。初夏はバラやサルビア・ネモローサなどが咲き、花畑のようになる。

Part 2

小さな庭づくりのコツ

小さな庭を美しく彩るために、まずは植物の知識と植栽のルールをおぼえましょう。
庭づくりのヒントとなるアイデアも紹介します。

宿《しゅっ》根《こん》草《そう》と一年草

毎年花を入れ替えるか 自然風に仕立てるか

草花は、その生育の違いによって、「一年草」と「多年草」に分けられます。

一年草は、タネが発芽して成長し、花が咲いて実をつけ、タネを散布して枯れるまでが1年以内の草花をいいます。一方、地上部が冬も残り、あるいは地上部が枯れても根などが越冬して、数年にわたって生育し続ける草花が多年草です。園芸の世界ではこの多年草を「宿根草」と呼びます。

一年草はカラフルな花を咲かせるものが多く、花の形や花色の美しさを庭の彩りとして利用できます。それに対し宿根草は、花を咲かせるものはその花の魅力もさることながら、葉の形や草姿の美しさなども選ぶポイントとなります。

一年草は毎年違う種類の草花を入れ替えることができ、宿根草は一度植えると毎年長い期間楽しめます。毎年違った庭にするなら一年草を多めに、自然風の庭にするなら越冬後に自然に広がる宿根草を主体に選びましょう。

一年草と多年草

一年草

タネの形で休眠する草花で、タネが発芽、成長して開花・結実後枯れるまでが1年以内の草花。ビオラなど植え替えて楽しむもの（写真右）、コスモスやヤグルマギクなどこぼれダネで増えるものもある（写真左）。

宿根草

根などが越冬して、タネができたあとでも枯れず、数年にわたって成長、開花・結実、冬越しを繰り返す植物。植物の力で増えるためナチュラルな雰囲気になる。写真は冬越しして茂ったフウチソウ。

落葉樹と常緑樹

紅葉する落葉樹と冬でも葉のある常緑樹

樹木には冬期（地域によっては乾期）に葉を落とす落葉性の「落葉樹」と、一年中葉をつけている常緑性の「常緑樹」があります。とくに落葉樹には秋、気温の低下とともに葉を美しく紅色や黄色に変化させるものがあり、庭づくりのよい素材として利用できます。また、春に芽吹く新芽の美しさも大きな魅力です。

常緑樹は常に葉で覆われていて枝ぶりなどを観賞しにくいものですが、密につく葉を利用して垣根などで目隠しとしたり、庭の背景として利用したりすることに向いています。また、落葉樹の株元に低木の常緑樹を配置すれば、落葉後の殺風景になりがちな冬の庭に、葉の緑を残すことができます。

庭の利用のしかたによって、落葉樹と常緑樹を利用する割合は変わりますが、どちらも一方に偏りすぎないように、バランスを見て決めましょう。季節感を出すためには、葉の色などが変化する落葉樹の割合を多くするとよいでしょう。

落葉樹と常緑樹

落葉樹

花や新緑、紅葉・黄葉が美しいものが多く、花や四季の変化が楽しめるように、中景から近景に用いられるのが一般的。株立ちするものなどは、幹の数が多いので林のような印象となる。

常緑樹

冬でも葉をつけ、多くは春に新しい葉と入れ替わる。一般的に敷地の境界に沿って植えられることが多く、目隠しや垣根などの背景として利用し、シンボルツリーにすることもある。

高木・中高木と低木、つる植物

樹木を選ぶためのポイント

樹木を庭に利用する場合は、高さの違うものから順番に、高木・中高木、低木または、つる植物と選んでいきます。

高木・中高木は庭の骨格をつくる大切なもので、庭の植栽のメインとして、はじめに植えたい樹木です。植栽するスペースに合わせて、どのくらいの高さになるか調べ、葉の形はもちろん、枝ぶり、幹なども選ぶポイントとなります。

次に低木を選びます。低木は、林の縁や林の中など、高木・中高木の下に生えるものが多く、庭に利用する場合も高木・中高木の下に用いれば自然風の植栽になります。また、景色に彩りを添える「添景木」として利用しやすく、単独で利用してもよいですし、複数まとめて植えつけても、庭の景色をつくることができます。

つる植物は他物を利用して広がります。この性質を利用すれば、植栽スペースが小さくても、フェンスなどにつるを自由に誘引して、緑を供給することができます。

樹木の特徴

高木・中高木

庭のメインとなるものなので、はじめに高木・中高木から選ぶ。葉の形や枝ぶり、幹の質感も選ぶポイント。また落葉樹、常緑樹のどちらを植えるかは、利用目的によって決める。

基本的に高さのある植物から低いものへと選んでいくと自然風の植栽になる。

つる植物

つるを自由にはわせれば、縦にも横にも空間を埋めることができる。誘引する手間や場所を選ぶが、クレマチスやつるバラ、ツタなど、花や紅葉を楽しめるものが多い。バラは、つるのように扱えるタイプのものもある。

低木

高木・中高木と地面の間を埋めるように低木を植える。庭に流れや変化をつけ、景色をつくる。アジサイやヤマブキ、バラなど花も楽しめるものも多く、彩りを添える樹木でもある。

日なたと半日陰

植える場所に合った植物を選ぶ

庭はすべての場所が日当たりがよいとは限りません。その場所の日当たりを考えて、植える植物を選ぶ必要があります。

多くの植物は日光を受けて光合成をして栄養をつくるため、基本的に日なたに植えつけます。しかし、あまり日の当たらない場所でも育つ種類もあります。

植える場所や鉢植えの置き場所の日当たりの状況をいう場合、日なたと日陰以外に「半日陰」という言葉が使われることがあります。半日陰とは、一日の中で数時間だけ日光が当たるような場所を指します。また、落葉樹の下の木漏れ日が当たるような場所などを指す場合もあります。いずれにしても十分な日光は当たらないものの、完全な日陰よりも明るい場所のことをいいます。

樹木の下の日陰や木漏れ日が当たるような場所には、本来、半日陰、あるいは日陰に自生するような植物を選んで植えることが大切です。

おもな半日陰の場所

木陰

樹木の下など、木漏れ日が当たるような場所。

建物の東側

建物の東側など、午前中は日が当たるものの、午後には日が当たらなくなる場所。

フェンス沿い

塀などで半日陰の場所をつくり出すこともできる。

組み合わせポイント①

高さをバランスよく組み合わせる

自然を模倣して植物を配置する

野山や森を眺めてみると、中心をなすように大きな大木があり、その周囲にそれより背の低い樹木、さらにそのまわりに低木やつる植物や草花が生え、樹木の足下には日陰や半日陰を好む草花が生えていることに気づきます。自然の雰囲気を大切にした庭を目指す場合、この自然の野山に見られる形を模倣し、樹木や草花の配置を考え、デザインするとよいでしょう。

具体的には、まず高木・中高木となる樹種から植えたいと思う1本の樹木を選んで位置を決め、その周囲や足元に低木、そして草花を配置することを考えます。高木・中高木は一度植えつけると植え替えるのはなかなか難しいため、樹種や植えつける位置は慎重に決めましょう。ここでいう高木とは成長後の高さが3〜4m、低木とは2m以下の樹木と考えてください。その中間の樹高となる樹木を中高木とします。

草花もその草姿にはさまざまなタイプがあります。背が高くなるもの、横に大きく

自然を模倣した植栽

高木・中高木
メインの木を決め、ほかの植物を配置する。高木・中高木の配置で、庭全体の植栽の骨格がつくられる。写真はシラキを利用。

低木・つる植物
メインの木の下には低木やつる植物を植える。草花と高木の間を埋める存在。写真はアブラチャン。

草花・グラウンドカバー
樹木の下などに利用するため、半日陰でも育つものを植える。写真はギボウシ。

低木

灌木《かんぼく》とも呼ばれ、樹高が2mより小さなもの。草花と高木・中高木の間を埋めるように利用でき、単体で植えると庭に流れをつくる。

アジサイ、アブラチャン、バラなど

グラウンドカバー

低木や草花、つる植物など、地面を覆うように広がるものなどの総称。土の流出や乾燥を防ぐ目的で利用できる。また、雑草を生えにくくさせる。

アジュガ、タイム、ワイルドストロベリーなど

草花

種類によって、成長後の姿はいくつかのタイプ（→P84）に分けることができる。花と葉の色や形、それぞれの成長後の姿をイメージしながら利用する。

エキナセア、ギボウシ、フウチソウなど

茂って広がるもの、地面をはうように広がるものなど、それぞれの成長後の姿と、花と葉の色・形を考慮して組み合わせを考え、庭をデザインしましょう（→P80〜）。

高い木は高く、低い木は低くする

樹木はその樹種によって成長のスピード、どの程度の大きさになるかが異なります。また、植えつけた場所の気候や環境によっても異なってきます。自然の樹木の中には高さ10mを超えるものもあるため、庭木として利用する場合、手入れをする必要があります。

庭木の場合は、スペースが限られることもあり、高いものでも3〜4mになるように手入れをして樹高を抑えるのが一般的です。このとき、自然の中では本来樹高が高くなるものは高く、中程度のものは中程度に、それほど樹高の高くならないものは低い樹高になるように手を入れることが大切です。

とくに雑木の庭など自然風の庭を目指すのなら、大きなものは大きく、小さなものは小さくするというルールを守ることは大原則といえるでしょう。

また、庭木では、成長後の枝の広がりも十分考慮する必要があります。

高さをバランスよく組み合わせる

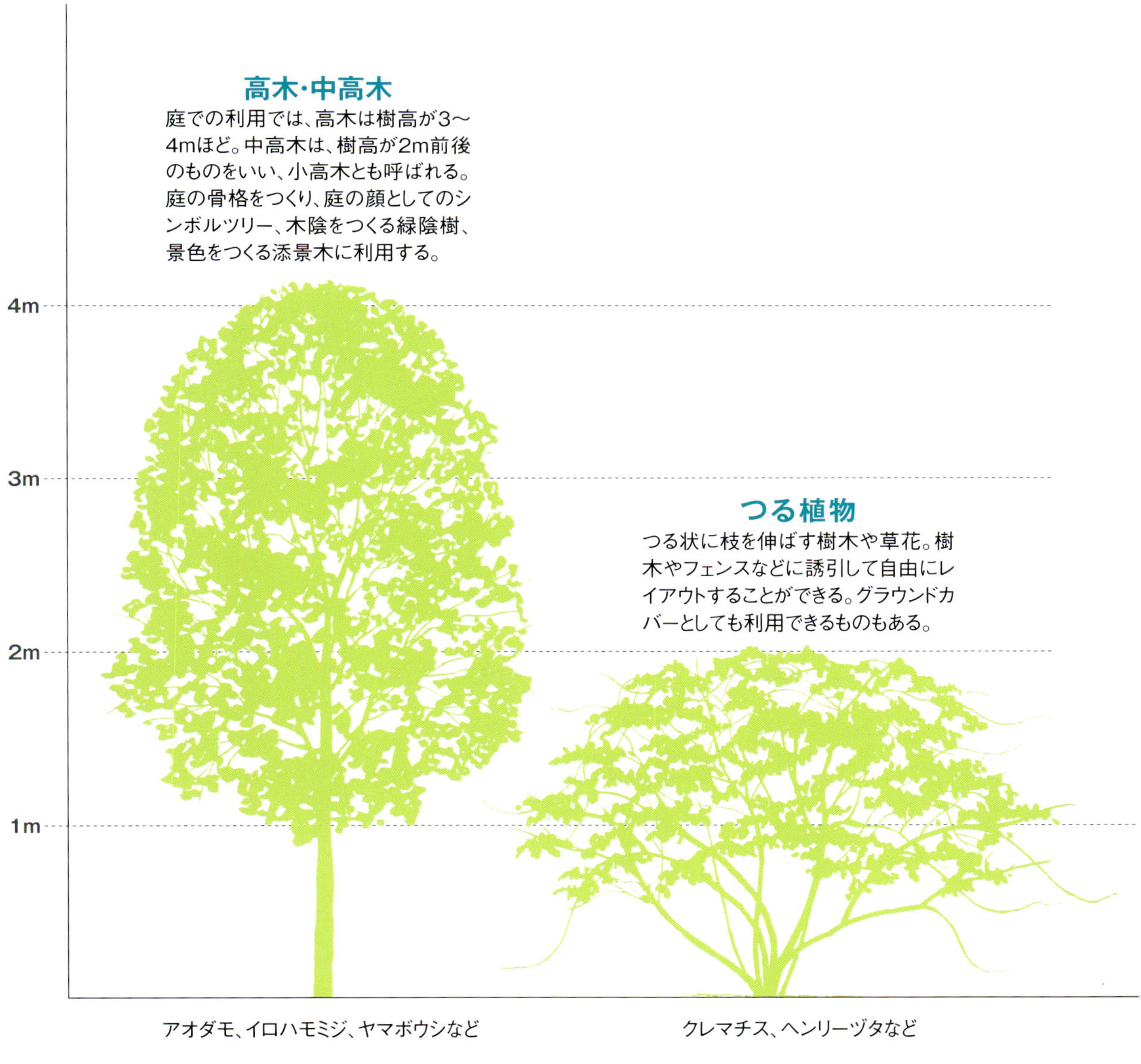
高木・中高木
庭での利用では、高木は樹高が3〜4mほど。中高木は、樹高が2m前後のものをいい、小高木とも呼ばれる。庭の骨格をつくり、庭の顔としてのシンボルツリー、木陰をつくる緑陰樹、景色をつくる添景木に利用する。
つる植物
つる状に枝を伸ばす樹木や草花。樹木やフェンスなどに誘引して自由にレイアウトすることができる。グラウンドカバーとしても利用できるものもある。
4m
3m
2m
1m
アオダモ、イロハモミジ、ヤマボウシなど
クレマチス、ヘンリーヅタなど

組み合わせポイント②

花の形を知る

花の咲く季節と形やつき方を組み合わせる

草花は庭の地面の主役です。地面の緑化とともに、庭の彩りを担います。また、庭木に咲く花（花木）にも魅力的なものがたくさんあります。

多くのものは春に花をつけますが、夏や秋に咲くものなど、植物によって花期が異なるものもあります。草花の花の時期と花木の開花時期を考慮しながら種類を選べばたくさんの花が咲きあふれる庭や、次々といろいろな花を楽しめる庭をつくることができます。

また、大きな花や小さな花、さらに平面的な花や球状の花、筒状の花など、花の形はさまざまです。花のつき方も、ひと茎にひとつの花をつけるもの、いくつかの花をまばらにつけるものなど、バラエティ豊かです。複数の花が集まったまとまりを「花序《かじょ》」といいます。

花の形や花序のタイプの違う花をいくつか組み合わせることで、庭にさまざまな表情をつくり出すことができます。

花の形とつき方のタイプ

単体でつく

ひとつの茎の先端に花をつけるタイプ。写真はチューリップ／ブライト・ジェム。

花びらが分かれる

ひとつの花びらが規則正しく並んだ花。写真はノイバラ。

面のようにつく

小さな花を面のようにつけるタイプ。写真はヤロウ。

壺のような形

花びらが分かれずに、壺のような形の花。写真はブルーベリー。

穂のようにつく

複数の花を穂のようにつけるタイプ。写真はカシワバアジサイ。

花びらが重なる形

ひとつの花びらが重なりあう花。写真はバラ／フランソワ・ジュランビル。

葉の形を知る

葉の形も楽しみたい

花の大きさや形もさることながら、葉の大きさや形もさまざまです。細葉や丸葉、切れ込みの浅いものや深いものなど、葉の形がつくり出す雰囲気は、草花によって大きく異なります。

とくに宿根草では花以上に葉姿を楽しむ期間が長いので、庭に求める雰囲気にマッチした姿のものを選びたいものです。また、庭木の葉の形は、幹の特徴とともに、その庭木の印象を決める大きなポイントといえます。

葉の形は、1枚の葉（葉身）からなる「単《たん》葉《よう》」と、ひとつの葉がいくつもの独立した小さな小葉《しょうよう》と呼ばれるものに分かれる「複《ふく》葉《よう》」に大別できます。単葉はさらに、アカシデなどいわゆる葉っぱの形をしたのものと、イロハモミジなど、葉に深く切れ込みが入るものがあります。

葉を組み合わせるときも花と同様に、形の違うものを複数組み合わせることで、飽きのこない庭にすることができます。

葉の形のタイプ

へらのような葉

葉柄（葉につながる茎）が長くへらのような形の葉。写真はギボウシ。

単葉

植物の葉は、ひとつの葉からなるものが多い。写真はナツツバキ。

細い葉

葉が細長いタイプはしだれるように葉を広げる。写真はフウチソウ。

複葉（羽状複葉）

小葉が鳥の羽根のようにつく複葉を羽状複葉という。写真はロサ・グラウカ。

ハートのような葉

葉のつけ根がふたつに分かれ、ハートのような形をした葉。写真はイカリソウ。

深く切れ込む

単葉のうち、葉に深い切れ込みが入るものもある。写真はイロハモミジ。

カラーコーディネート

色の「色相《しきそう》」「明度《めいど》」「彩度《さいど》」を知る

草花の花や葉の色は、種類によってじつにさまざまです。庭づくりでは、それぞれの草花の花や葉の色の組み合わせによって、庭の雰囲気が大きく変わります。

色の特徴は「色相」「明度」「彩度」という尺度の組み合わせで表されます。

「あの花は明るい鮮やかな黄色をしている」といったときに、「明るい」が明度、「鮮やかな」が彩度、最後の「黄色」が色相です。

色相は赤、黄、緑、青の4つを基本にして、それぞれの間に混ざった色があります。それを連続的に表したものを「色相環《しきそうかん》」といいます(下参照)。

明度は色の明るさの程度の違いを表します。たとえばピンク色でも白に近い「明るいピンク」、黒に近い「暗いピンク」という表現は明度の違いを指します。

彩度は色の鮮やかさの程度を表します。赤いバラでは、彩度が高いほど派手でよく目立つ色になり、彩度が低いと白や灰色、黒に近い地味な色になります。

色相環と明度・彩度

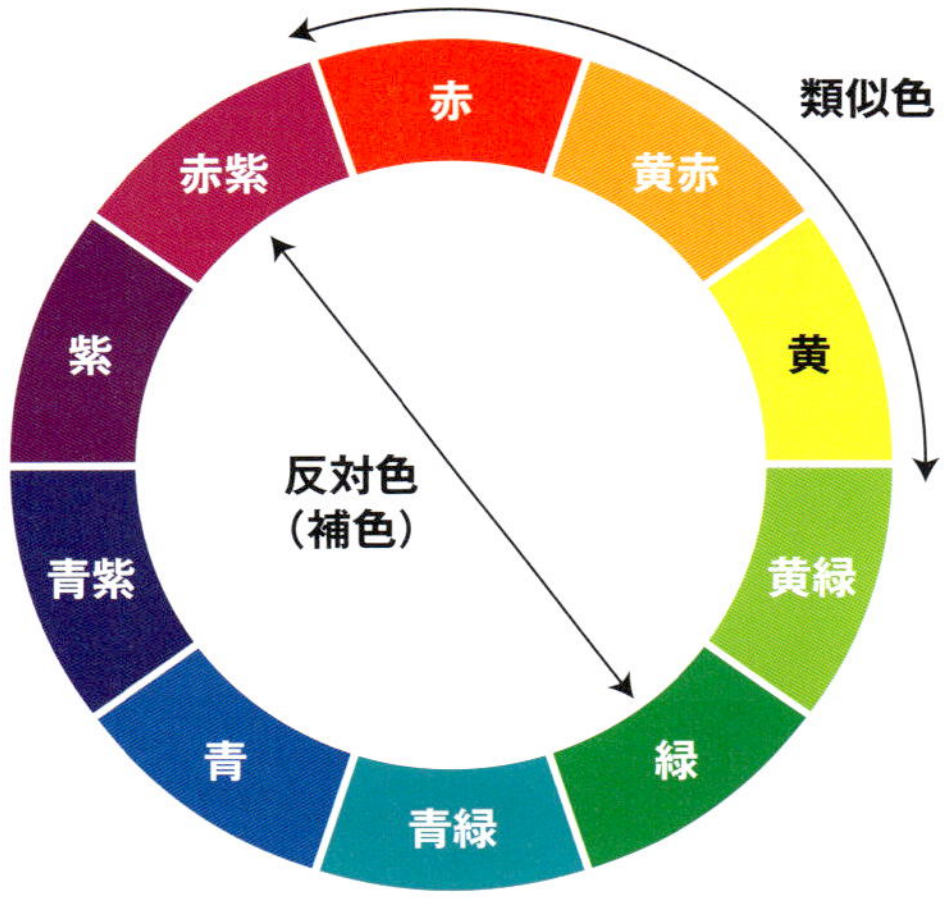

色相環

色相には基本的に赤、黄、緑、青の4色があり、それぞれの色の間にそれらが混ざったさまざまな色がある。いわゆる「色」と呼ばれ、赤から青までの変化する色を、赤と青の間に紫を加えて連続させ、環状にしたものを色相環という。

低 ←→ 高

明度

同じ色相で、色の明るさの違いを表す尺度。明度が高い明るい色ほど白に近くなり、明度の低い暗い色ほど黒に近くなる。

低 ←→ 高

彩度

色の鮮やかさを表す尺度。彩度が高い色ほど派手で目立ち、彩度が低いと地味な色となる。

色の組み合わせ例

同系色の組み合わせ

同じ色相で、その明度や彩度が異なるものが同系色。同系色は合わせやすく落ち着いた雰囲気になる。暗いものは奥まって感じられ、明るい色は手前に飛び出したように感じられる。明暗の異なる色を組み合わせる場合は、奥に暗い色を配置し、手前に明るい色を持ってくると、庭に奥行き感をつくり出せる。写真はアナベルとギボウシの葉の組み合わせ。

類似色の組み合わせ

色相環で隣り合う色は似たものどうしの色。類似色の組み合わせは調和しやすく、違和感なく組み合わせることができる。写真ではピンクのバラ／メイ・クイーンと濃さの違う紫のクレマチスが類似色となっている。

反対色（補色）の組み合わせ

色相環で向かい合うふたつの色を、お互いの反対色あるいは補色という。反対色を組み合わせるとお互いの色を引き立て合う効果が生まれる。それぞれの色のボリュームは、どちらか一方の色を多くするとバランスよく見える。ただし、反対色の組み合わせが多いと、落ち着かない印象になるので注意。写真は黄緑の葉に対して、濃い紫色の葉のリグラリアが反対色となる組み合わせ。

草花のタイプを選ぶ

立ち上がるタイプと広がるタイプ

草花を選ぶときは、どのように成長して広がるかも知っておくことが大切です。草花の成長後のタイプは「立ち上がるタイプ」と「広がるタイプ」に分けられます。

立ち上がるタイプは、あまり横に広がらずに草丈が高くなって花をつけるなどします。高さがあるため、庭に植えると目を引きます。

広がるタイプは、草丈がやや高くなって茂るものと、草丈が低く、はうように広がるものとがあります。茂るものはこんもりとした姿になり、群生させると華やかになります。低く広がるものの多くは、グラウンドカバーとして利用します。草花以外にも、つる植物や低木も、グラウンドカバーとして使うものもあります。

どのタイプも広がりすぎたら摘み取って管理します。また、草花も樹木と同様に高さのあるものを中心に考えて、その周囲に茂るもの、地面にはうものを配置すると、自然の雰囲気の植栽になります。

植物のタイプ

立ち上がる

チューリップ、シラン、ジギタリスなど、あまり横に茂らずに立ち上がるタイプです。宿根草や多年草の場合、ある程度決まったスペース内で毎年管理しやすいといえます。

茂って広がる

全体に茂りながら広がるタイプです。ハナニラ、ペレニアル・フラックス、アゲラタムなど生育旺盛なものが多く、広がりすぎた場合は摘み取ります。ギボウシやクリスマスローズなどもこのタイプです。

低くはうように広がる

はうように横に広がるもの、垂れ下がるもの、つる状に伸びるものがこのタイプです。アジュガ、セダム、ミント類などグラウンドカバーや樹木の下草などに利用できます。

タイプ別植栽の一例

立ち上がるタイプの植栽

立ち上がるタイプのシランを中心にチゴユリとワイルドストロベリーのグラウンドカバーが地面を覆う。直線的な葉のシランを強調させるように、ほかの植物の葉が土台となっている。

茂って広がるタイプの植栽

リクニス、セントーレアと高さがある程度あって、茂るタイプの植物を植え、フェンスに誘引されたバラとグラウンドカバーとの中間を埋める。わずかな株数でもボリュームが出る。

低くはうように広がる植栽

グラウンドカバーとして、樹木の株元にアジュガやワイルドストロベリーが育つ。広がって茂るギボウシやヒューケラなど葉色の違う植物を配置することで、緑の色彩に広がりを持たせている。木陰の下は半日陰となるので、植える植物も半日陰を好む植物を選ぶ。

組み合わせ
ポイント⑥

リーフを生かす

葉色や葉の形、草姿などを楽しむリーフプランツ。その種類は豊富で、庭のさまざまな場面で利用できます。花は観賞期間が比較的短いのに対し、カラーリーフは年間を通じて観賞できます。

葉の色の組み合わせ

葉の形や大きさ、色合いの異なるリーフを混ぜて植え込むことでそのエリアの表情が豊かになるだけでなく、ナチュラルな雰囲気をつくり出す。

境界に広げる

庭の小道や階段の縁には、ワイルドストロベリーなどはうように広がる植物や、細い枯れ葉のようなカレックスなどを植え込んで、構造物との境を乱すことで、よりいっそう自然な風景にする。

葉の形で違いを見せる

平面的な葉のギボウシ、葉が細く直線的なラインのタヌキラン、ギボウシよりも小さな葉のチゴユリの組み合わせ。葉の形の違うものを組み合わせるだけで変化に富んだ見え方になる。

大きな葉を組み合わせる

塀につくられたボーダーガーデン。コンクリートブロックの塀を隠すように、低木や、やや背丈の高い山野草を植栽。クリスマスローズやハッカクレンなどの大きなリーフは、ダイナミックな印象をあたえる。

斑入りの葉で明るく

バラ／ラウプリッターの足元を覆う、明るい葉の色が印象的なシレネ／ユニフローラ。シレネは茎がはうように広がり、グラウンドカバーとしても利用できる。とくに斑入り葉のものは明るい風景をつくり出す。

存在感のあるギボウシ

ギボウシはもともと山野の林内などに自生する山野草で、日陰や半日陰の場所でもよく育つ。葉が大きくよく目立ち、斑入りや葉色の違う品種が多数あるため、自然風の庭の木陰などに最適。

組み合わせ
ポイント⑦

グラウンドカバーを利用

花壇のエッジや小道沿いなどに、地面を覆うように広がるのがグラウンドカバーです。植栽する場所、目的によってさまざまな利用方法があります。

広い範囲

落葉樹の下、一面に広がるフタマタイチゲ。多年草で秋～晩秋には地上部が枯れる。落葉樹との組み合わせで落葉期には冬の日射しが射し込み、自然の枯れた風景をつくり出す。

玄関前の段差

階段や玄関前の段差など、人工物と地面との境をグラウンドカバーで覆うと境があいまいになり、自然な雰囲気にすることができる。この場合、背丈が高くならない植物を選ぶことが大切で、ここではセダムを利用している。

敷石とのすき間

庭に敷いた大谷石と植栽部分のすき間を隠すように、山野草を植えつける。こうして境界を乱すことで、敷き詰めた大谷石が植栽部分の風景に溶け込み、より自然な風景になる。

段差を利用する

一段高くなった場所、階段などにグラウンドカバーを利用すると段差を越えて広がり、自然風の庭になる。

角をやわらかくする

人工的で堅いイメージが強くなりがちな方形の敷石の間や周囲をグリーンで覆うことで、直線や角の強さが緩和される。このような人の通り道となるところには、踏まれても丈夫に育つ植物を選ぶ。写真はジャノヒゲ。

日陰でも育つもの

いくつかのギボウシの株の間を埋めるように植栽されたリシマキア。落葉樹の下など、半日陰や明るい日陰には、日射しの弱い場所でもよく育つ植物をグラウンドカバーとして利用することが大切。

組み合わせ
ポイント⑧

境界に植える

植栽部分と通路や敷石との境、それらが一体となるために構造物との境界には、はっきりとした形が見えないように植物を植えて境界部分をぼかします。

通路と植え込み

通路と花壇の境があいまいな植栽。手前に低い植物を植え、草花を脇からあふれ出すように植えこむことで、高さのある植物と低い植物が混在して、自然風の庭に仕上がる。

石積みの境に緑を

人工的な石積みも、縁にグリーンがかぶさるように育てると、自然の中の風景のような印象に仕上げることができる。

丈夫に育つ植物を選ぶ

玄関前ポーチの縁に植えられたイングリッシュデージー。このような場所や敷石の縁など、人が歩くような場所には、踏まれても絶えることなく、丈夫に育つ植物を選ぶ。

フェンスを隠す

フェンスに誘引されたバラ／フランソワ・ジュランビル。フェンスや塀、壁などを利用してつる性の植物を育て、構造物との境をあいまいにすることで、立体的な自然の景色に近い庭づくりをすることができる。

庭と家を分ける仕切り

庭のレンガ部分とタイル敷きの家屋側に植えられたシマアシとワイルドオーツ。庭と家の中間をぼかすように直線的な葉が縦に伸び、立体的な仕切りのような役割を持つ。

隣家との境界

隣家との境界のフェンス沿い、いちばん奥に植えられたカシワバアジサイ。手前には草丈の低い植物が植えられ、フェンスに沿って動く視線の先で目を引きつけるアイキャッチャーとなっている。

組み合わせ
ポイント⑨

小物やグッズを飾る

庭の主役は草花や樹木ですが、風景の中のちょっとしたアクセントとして小物やグッズをうまく利用すると、よりいっそう楽しみのある庭になります。

割れた鉢を利用

割れた鉢を半分土に埋もれたように飾る。初夏には倒れた鉢から植物が茂るように見える。植物が生育するとあまり目立たなくなるが、冬になってまわりの植物が姿を消すと、単調な冬の庭のアクセントになる。

視線を分散させる

山野草の間に置いたガラス製のブイ。背後のポストだけだと構造物の印象が強くなりすぎるため、薄く青みがかったアンティーク調のガラス玉を大小まとめていくつか置いて視線を分散させる。

水瓶で庭に水の景色を

庭の片隅に置かれた水瓶。池などがつくれない場合は、水瓶などで水を庭に呼び込み、自然な雰囲気をつくる。水草とともに数匹のメダカを入れているので夏に蚊が発生しない。

室外機も庭に合わせる

無骨になりがちなエアコンの室外機は、庭になじむように木製の枠で覆う。さらにその上に多肉植物の寄せ植えやアンティークグッズを飾ることで、よりいっそう違和感なく風景に溶け込む。

小物でアクセントをつける

庭につくった立水栓は、木製の支柱にアンティークの蛇口を合わせているが、そのままでは素っ気ない印象。支柱の上にハリネズミを模した置物と、貝殻に植えつけた多肉植物を置くことでアクセントをつける。

大きなポットを庭に

存在感のある大きなポットのオブジェ。植物の中に人工的なものがあることで、庭としての景色をつくる。葉が茂れば風景と調和し、庭の一部になる。このような使い方をする場合、形以上に、素材の質感や色合いを合わせる。

組み合わせ
ポイント⑩

鉢植えで自由に飾る

鉢植えの草花や樹木を利用することで、本来植物を植え込むことのできない敷石部分などにも、植物をレイアウトすることができます。

玄関に飾る

木肌を生かした山小屋風の玄関ドアに、自然をイメージする落ち着いた雰囲気の斑入りギボウシがとてもよく似合う。玄関まわりなど地植えスペースのない場所では、鉢植えを最大限に活用する。

高さに合わせて鉢を選ぶ

庭に置かれたテーブルの上に飾った多肉植物の寄せ植え。置き場所に高さがある分、鉢は背の低い平たいものを用いて、背丈の低い植物を植えてバランスを取る。

姿と色が豊富な多肉植物

多肉植物は葉姿や色合いに種類が多く、比較的シックな雰囲気を持つため、自然風の庭でも使いやすい。日当たりのよい場所で乾燥気味に管理し、また生育が旺盛で横に広がる種類も多いため、鉢植えで飾る。石の鉢の自然な風合いは、多肉植物と相性がよい。

季節の花を楽しむ

一年草など、毎年植え替えが必要なものも鉢で管理すると便利。写真のビオラなど季節ごとに違う花を植え替えて楽しめるほか、庭のアクセントにもなる。

自由にレイアウトする

庭の一角、ちょっとあいてしまったスペースに鉢植えを置くと、ともすると間延びしてしまうような空間を引き締める。季節に応じて鉢植えを替えることで、さまざまな庭の顔をつくることも可能。

鉢の素材も庭に合うものを選ぶ

ナチュラルな雰囲気いっぱいの庭に、さりげなく置かれた鉢植えのバラはパット・オースチン。花壇にはグリーンをメインにたくさんの草花が植えられ、素焼きの鉢はその風景に溶け込んでいる。

置き台で高さを出す

庭に背の低い鉢を使った鉢植えを置く場合は、視線を少し高くするために置き台を使うとよい。その場合、自然風の庭では人工的なものより石など天然の素材を利用すると、庭の雰囲気を壊すことが少ない。

配置のポイント①

庭のコンセプトを考える

コンセプトはマネをして決める

庭をつくる際、もっとも大切なことは、どんな庭をつくりたいか、ということです。当たり前のように聞こえますが、意外とそのときの思いつきで庭づくりをはじめてしまうことも多いようです。最初にしっかりとした庭のコンセプトを決めておかないと、まとまりのない、ただ樹木や草花が植えてあるだけの場所になりかねません。

庭は家族をはじめ、友人、通りすがりの人、さまざまな人が集うコミュニケーションの場でもあります。そのため、家族全員の庭のイメージ、役割などの意見を出し合い、最終的なコンセプトをつくり上げましょう。

とはいっても、なにもないところから具体的な庭のイメージをつくることはなかなか難しいものです。そこで、役に立つのが「マネ」です。本書のＰａｒｔ１の実例からお気に入りの風景や庭をみつけてマネをしてみましょう。それを元に庭のイメージを決めるのです。

庭との関わり方

草花を楽しむ庭
＝手入れ必要

植栽スペースが多い庭は、植物がよく茂って華やかになる。その分、こまめな手入れが必要となるため、庭で作業する時間が長くなる。

ローメンテナンスの庭
＝手入れがほぼ不要

植栽スペースが少ない庭は、落ち着いた雰囲気になる。敷石などを利用して植物がはびこりすぎないようにするため、庭での作業時間は短い。

配置図を元に植栽を考える

庭のイメージが決まったら、庭の現状を確認します。そのためには家を建てるときに使った配置図（外構図）を使うと便利です。ない場合は、実測してつくりましょう。配置図には、建物、すでにある樹木や構造物（塀やフェンスなど）を記入します。この図を元に、庭に残すもの、つくり替えるもの、場所などを決めます。このとき、隣家の位置など、日当たりや風通しに影響のある構造物なども記入するとよいでしょう。

次に配置図を元に、植栽を書き込みます。狭いスペースであっても、草丈の高い植物を奥側に配置し、手前ほど草丈の低い植物を植えることで立体的で自然な植栽ができます。苗を選ぶときには、成長後の株の高さ・広がりを調べ、成長後の姿を想定した間隔で植栽します。

草花だけで高低差をつくり出すのが難しい場合は、樹木やフェンスなどを利用して立体的になるように工夫するのもよいでしょう。いちばん手前側にしだれたり、はうように広がったりする植物を持ってくると、境界があいまいになり、庭や通路に一体感が生まれるようになります。

植栽プランの一例

大谷石が敷かれているため、植栽スペースは庭の半分ほど。高木が植えられているため、木陰となり、半日陰の植物を選んで植える。

道路側は生垣にして、外からの視線をさえぎる目隠し兼、騒音防止に。カキノキは以前からある植栽。

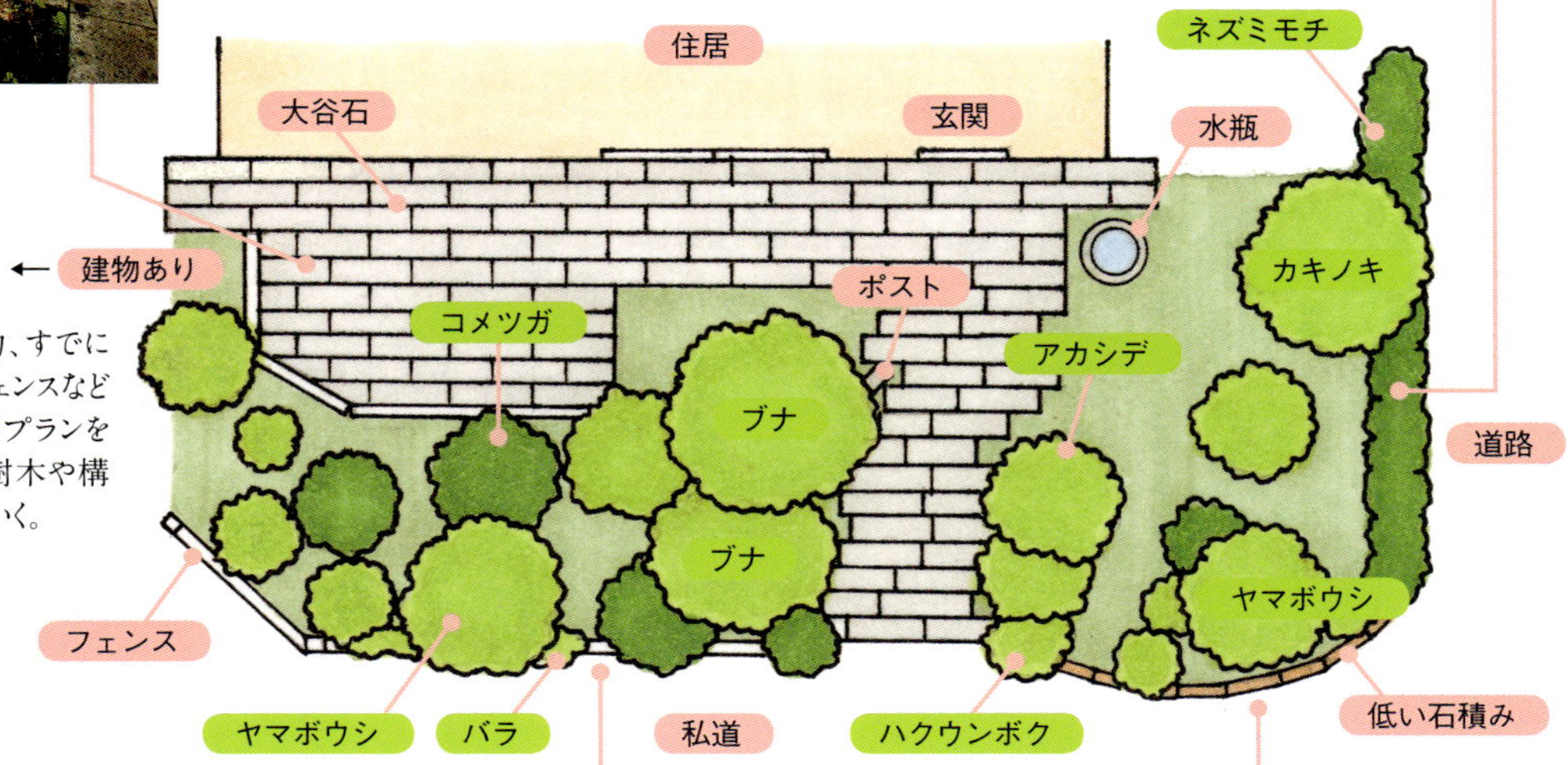

配置図には、建物、すでにある樹木、塀やフェンスなどを記入する。植栽プランを考えて、植えたい樹木や構造物などを決めていく。

リビングに面した部分にはフェンスで目隠しをし、バラを誘引させる。構造物との境界があいまいになり、一体感が出る。

通行する人も楽しめるように庭の南東の植栽はフェンスなどの仕切りをせず、バラや多年草が楽しめるスペースに。

草花はゆとりを持たせて植える

成長後の姿をイメージする

お気に入りの植物を集めて植えたときによくある失敗が、詰め込みすぎによる密な植栽になることです。とくに宿根草などは年々増えていくので、茂りすぎた部分を摘み取って調整しなければならなくなります。また、植えつけた頃は小さくても成長するにしたがって大きく茂るものもあります。このため、植栽するときはある程度ゆとりを持たせて植えつけ、成長後の高さも知ることが大切です。

失敗しないためには、植物を選ぶときに、植えつけたあとの姿をイメージするように心がけましょう。植える植物は、高さ、広がり方のタイプ、ほかの植物との形や色の組み合わせなど、成長後の植物のイメージを明確にしておきます。

ゆとりを持たせて植えつけると「こんなに少なくて大丈夫？」と思うかもしれません。しかし、春にスカスカで心配になるくらいの植栽が、ほどよい自然な庭をつくります。

植えつけ 1年後の植栽

春、チューリップなどが咲きはじめる。この時点では、土が見えるくらいスカスカの状態。

初夏には高さのある多年草やグラウンドカバーが茂りはじめ、土が見えなくなる。前年に植えつけていたため、自然風の植栽になっている。

植えつけ1年目の植栽

植えたばかりの多年草の植栽。ミントなどよく茂るものが植えられているため、株と株の間があき、土がよく目立つ。

春の様子。暖かくなるにつれて、ミント類、アリッサムなどが茂りはじめ、だんだん土が隠れてくる。

初夏には一斉に茂る。円形の井戸風花壇なので、高さのある植物を中心に植え、縁に向かうほど低くなるような植栽となっている。

植栽のコツ

自然をマネした植栽にする

自生の植物を観察すると、平面的に生えているものは少なく、ほとんどが背丈の高いものと低いものが混在しています。このため立体感があり、見ていて飽きのこない風景となります(→P78)。庭づくりでも立体感のある植栽にすると自然を感じる景色になります。ポイントは、空間の広がり方、軒近くの木、株立ちの木、樹種の統一です。

空間の広がりは、高さのある樹木によって変わります。樹木のないスペースは、上空が開けて開放感があります。反対に樹木が多いと、落ち着いた雰囲気になります。

軒近くの木は、家と庭をつなぐ役割をします。庭と家が調和するため、庭を広く見せて奥行きが出ます。

狭い庭では株立ちの木を利用すれば、たくさん幹が林のような雰囲気をつくります。

また、植栽はある程度樹種を統一させると、落ち着きのある庭になります。このとき、落葉・常緑のバランスも考えます。落葉が多めだと自然風になります。

空間の広がり方

樹木のないスペース

高さのある樹木がない部分は、上空に空間ができ、広がりのある開放的なスペースとなる。縦に広がる空間が得られ、光を取り込むことができる。オープンスペース(開放)ともいう。

樹木のあるスペース

高さのある樹木が植えられている部分は、上空が樹木でさえぎられ、落ち着きのあるスペースとなる。縦に広がる空間が限定されるので、半日陰となる。クローズドスペース(限定)ともいう。

軒近くの植栽

軒先を超える

シンボルツリーのイロハモミジが軒先を超えて2階まで届く。庭とよく調和して、落ち着きのある雰囲気となる。

軒先とほぼ同じ

リキュウバイ、ジューンベリーが軒の近くまで茂り、先端が軒を少し超えているため、庭との一体感が出て開放感のある庭となっている。

株立ちの植栽

高さのない株立ちの植栽

低木のバラを中心にし、低い植物が順番に植栽。立体感を出しつつ、バラとグラウンドカバーのタイムの緑、ヒューケラのベージュの葉が明るくし、リシマキアの濃い紫～緑の色が全体を引き締める。

高さのある株立ちの植栽

中高木のシラキをメインにその下に低木のアブラチャン、コバノズイナ、と自然風の植栽に。さらにその下にギボウシやヒューケラ、ワイルドストロベリーの順に、高さの違う植物の組み合わせ、立体感を出している。

樹種の統一

落葉樹と常緑樹のバランス

家の目隠しとしての機能を持たせるために、常緑・落葉と樹種をある程度そろえてバランスよく植えている。

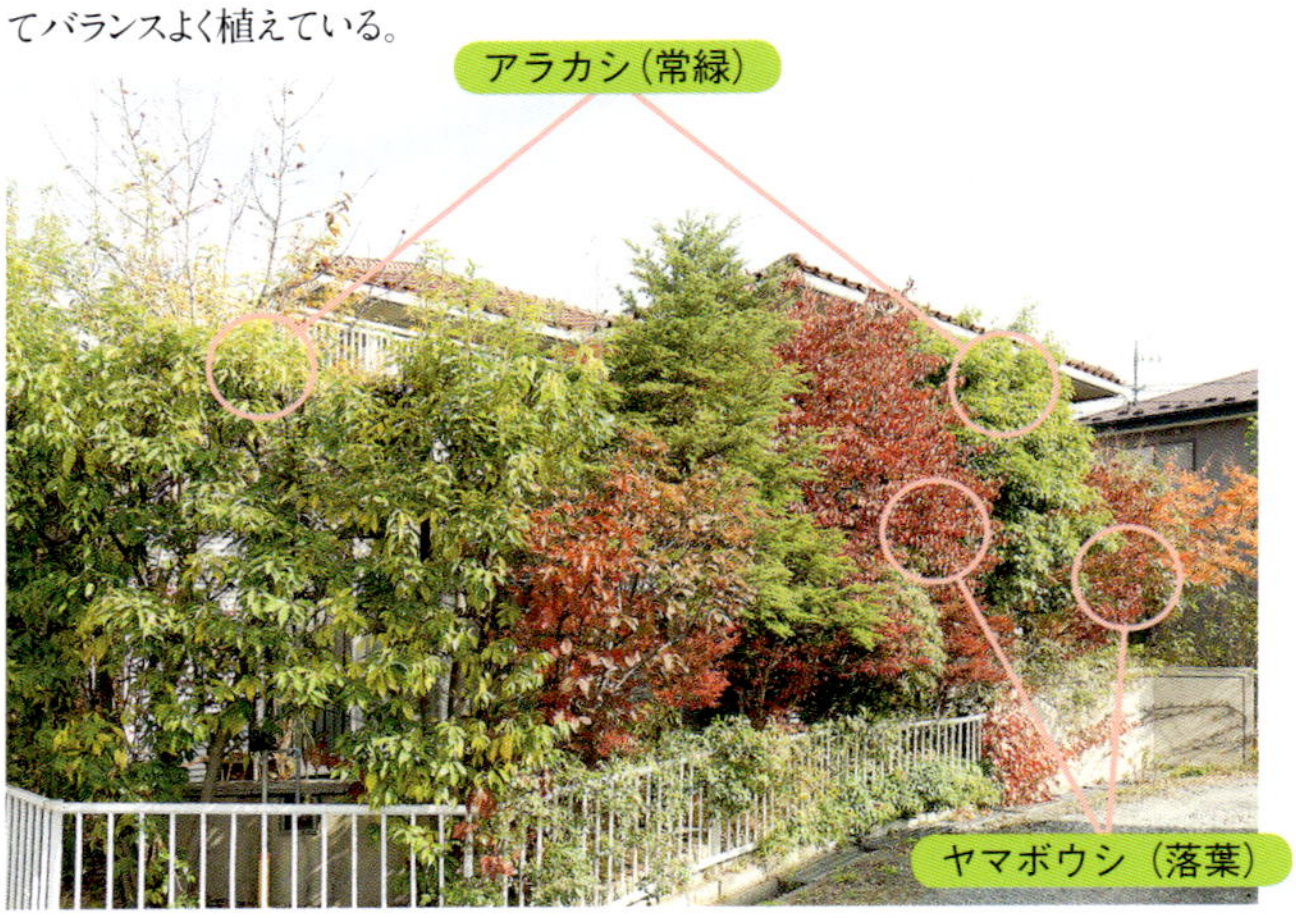

ブナで統一感を

玄関アプローチには高木のブナを植え、樹種が統一されている。存在感のある木なので、離して植えてバランスを取る。

植栽の密度

樹木の間隔

庭を形づくる高木などの樹木は、密になりすぎないようにある程度間隔をあけて植栽する。雑木風の庭では、樹木は規則正しく並べずにランダムに配置すると自然に見える。また、植栽のない余白部分も同じ大きさにしないようにする。

草花の間隔

多年草では毎年株が大きく育つため、植えつけるときは、できるだけ間隔をあけたスカスカの状態にする。植えつけ時に完成した植栽にしてしまうと、成長後・翌年に茂りすぎることが多く、病害虫の原因にもなる。

Part 3

植物の育て方の基本

庭を彩る植物は、樹木や草花で管理方法が変わります。
適切な方法で手入れをすることで、生き生きと育つでしょう。

庭の環境を知る

まずは日当たりを確認する

庭という限られた状況では、一日中よく日が当たっている場所はそうないといえるでしょう。日当たりは敷地周囲の地形、隣家や塀、建物との位置関係、樹木の植栽の状況などによって変わります。さらに、季節や時間によっても日射しの方向や日照時間が変わってきます。

方角から考えると、南向きの庭がもっとも日当たりがよいといえます。南向きの庭は多くの植物の生育に適し、一般的にどのような植物でもよく育ちます。

北向きの庭は建物の陰になるため日当たりが悪く、植物の生育に適した場所とはいえません。そのような場所では、半日陰でもよく育つ植物を選びましょう。

東向きや西向きの庭は午前中、あるいは午後の一定の時間だけ日が当たる、半日陰の場所となり、北向きの庭に比べれば多くの植物を育てられます。ただし、西向きの庭の場合は、多くの植物が夏の強い西日を嫌うので、注意しましょう。

庭の日当たりと風通し

南向きの庭❶

隣家との位置や距離、植えられている木立などがある程度離れているところは、日当たりがよく、たいていの植物がよく育つ。

南向きの庭❷

南向きでよく日の当たる庭でも、隣家の位置と距離、植えられている木立などによって、半日陰、あるいは一日中日陰になることもある。

気温や湿度、風通しも考慮する

植物はそれぞれ生育に適した気温や湿度などの気象条件があります。気温の高い気候を好むもの、逆に冷涼な気候でよく育つもの、あるいは乾燥に強いものや湿った場所を好むものなどさまざまです。

自分の庭のある地域の気象条件をよく知り、その条件に合った、あるいは耐えることのできる植物を選ぶことも、庭づくりでは大切なことです。

また、植物の生育には風通しも大きく影響します。風通しの悪い場所では病気の発生が増え、生育が鈍くなりがちです。風通しも日当たりと同様に、ひとつの庭でも場所によって大きく変わってきます。季節にもよりますが、南北に抜けた場所は一般的に季節を通じて風通しがよくなります。ただし、冬の季節風など強い北風が当たるような場所では、風よけが必要になる場合もあります。

植栽する植物は、まずその地域の気象条件、そして庭での植栽場所の日当たりや風通し、土質などを知ってから、選択します。植物を購入する際は、その環境に適した植物かどうかラベルを確認したり、園芸店で直接聞いてみたりしましょう。

庭の多くが
日陰になる

北向きの庭

建物の北側などは日当たりが悪く、日が当たっても日照時間は少なくなる。このような場所には耐陰性の強い樹木や草花を選ぶ。

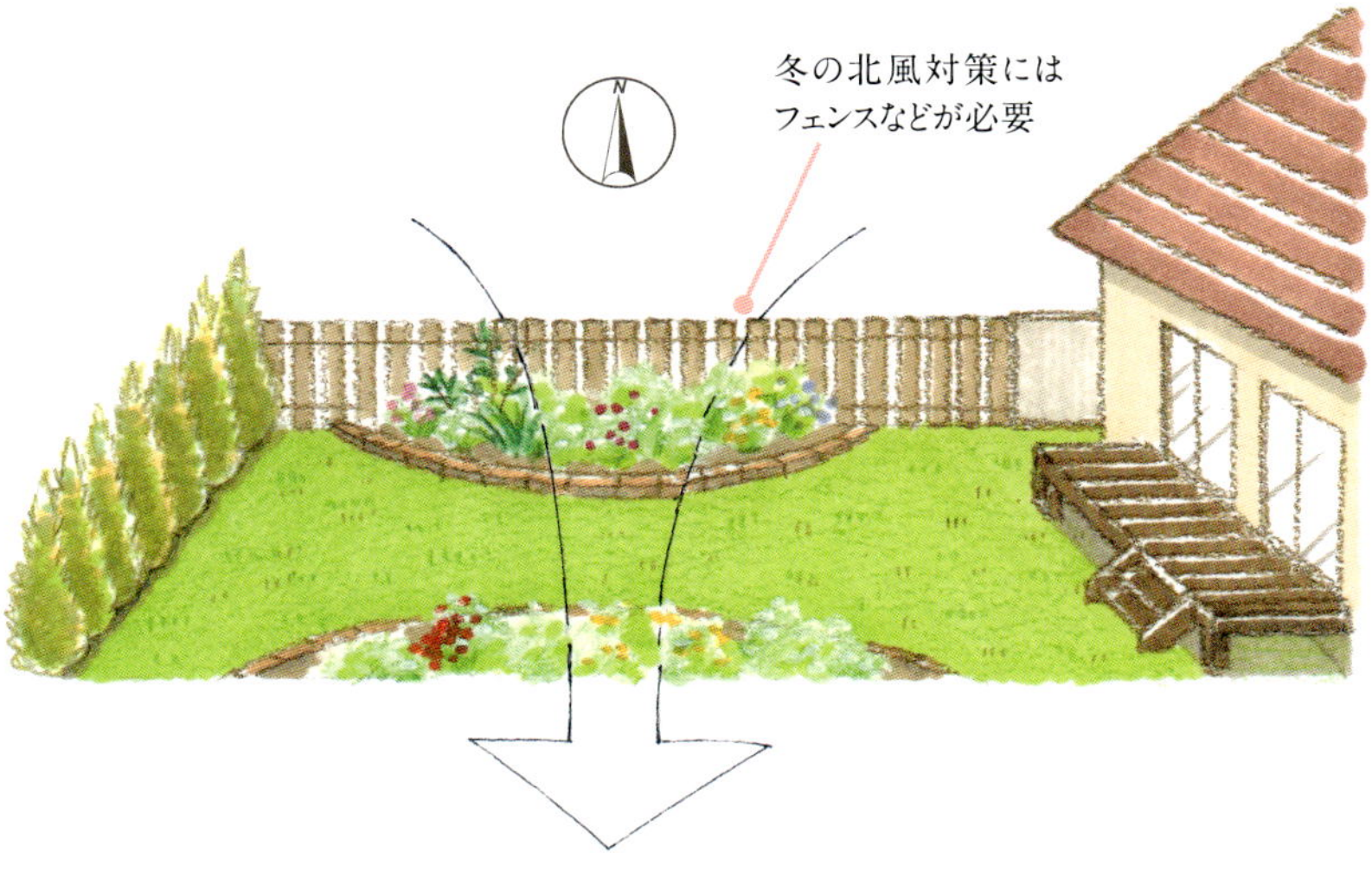
冬の北風対策には
フェンスなどが必要

風通し

南北に抜けた場所は風通しがよく、病気の発生も少なくなるが、冬期など強い北風が当たるような場所ではフェンスなどの風よけが必要になる。

土づくり

植物が好む土は団粒構造

土は植物を支え、根に水や栄養を供給する大切な役割を担っています。また、土は植物の生育に大きく影響します。水はけのよい乾燥した土を好む植物もあれば、やや湿った土を好む植物もあります。また、肥料分が多い土を好むものもあれば、やせ気味で肥料分が少ない土でよく育つ植物もあります。

植物を育てるときは庭の土の性質がどのようなものなのかを知り、その土に合ったものを選ぶのが基本となりますが、植栽場所の土質を改良（→P107）することで、ある程度、植物の選択の幅を広げることができます。

多くの植物にとって、水はけがよく、また保水力があり、通気性、保肥性の高い土がよい土といわれています。水はけと保水力という、相反する性質を実現するには、土を「団粒《だんりゅう》化《か》」する「団粒構造《だんりゅうこうぞう》」をした土がよいとされます。団粒構造の土では通気性と保肥性も高くなります。

団粒構造と単粒構造の土

耕しただけの土❶

ただ土を耕すだけでも団粒構造となるが、こうしてできた団粒構造はもろく、踏み固めるとすぐに単粒化してしまう。

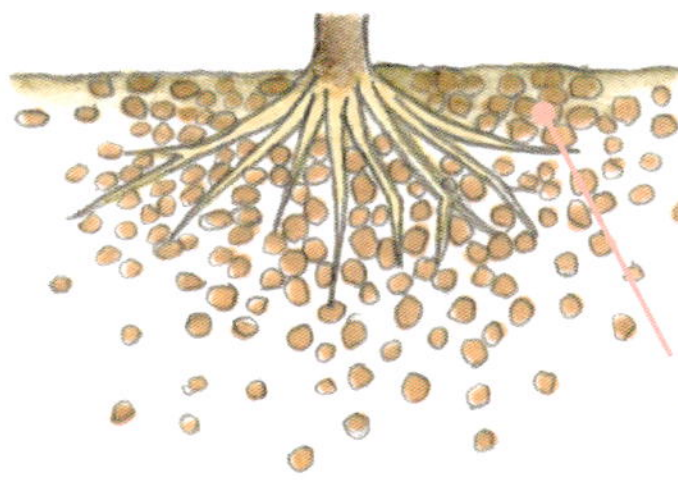
土の粒が埋まり、すき間がほとんどない

単粒構造

ごく細かな土の粒からできている単粒構造の土は、それぞれの粒のすき間が少ししかなく、水はけが悪く、通気性もよくない。植物の根の生育には適さない。

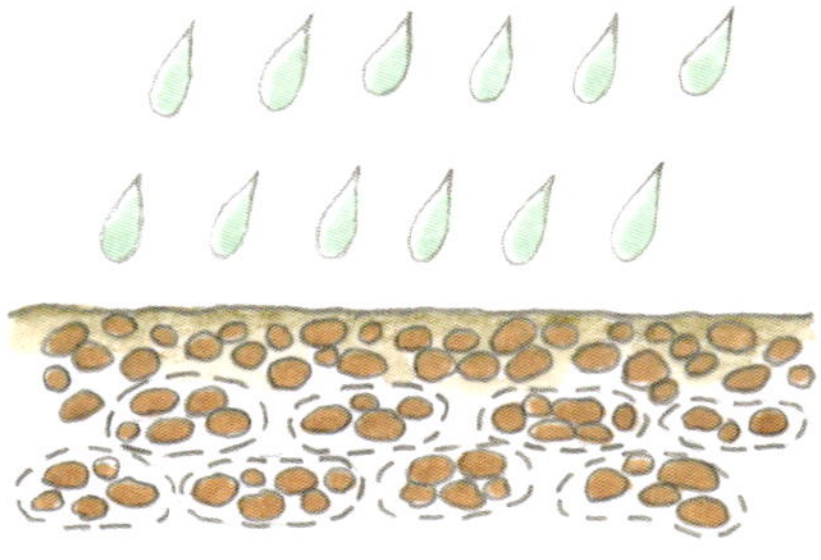

耕しただけの土❷

土を耕しただけだと、降雨や水やりによっても団粒化した土は単粒化していく。

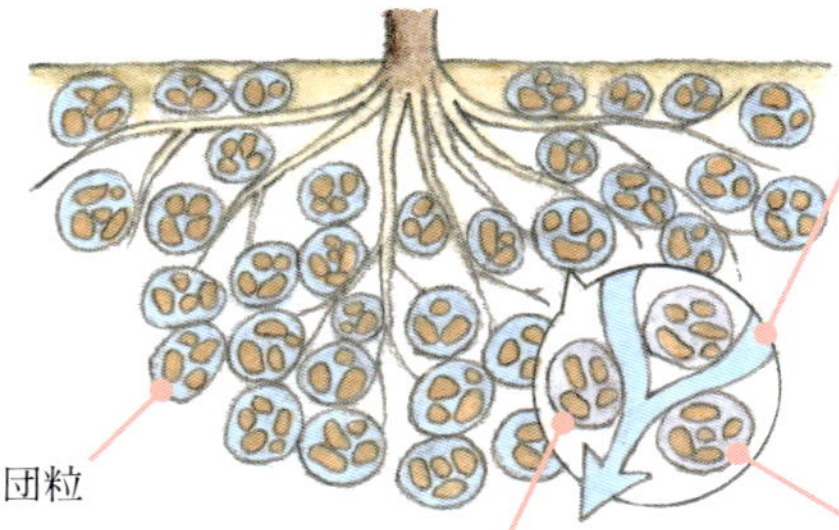
水・空気が流れる
単粒
すき間に水や肥料をためる

団粒構造

単粒が集まって団粒と呼ばれるやや大きな粒状の土となり、その団粒が集まった土が団粒構造の土。団粒構造の土では、水も空気も流れやすく、団粒に水を含むため水持ちも保肥性も高くなる。

団粒化のためには有機物を施す

ごく小さな土の粒（単粒《たんりゅう》）がただ集まっただけの土は「単粒構造《たんりゅうこうぞう》」の土といわれます。単粒構造の土では水はけが悪く、また通気性も悪くなり、根がうまく生育できずに機能を果たすことができなくなります。

団粒構造の土は、単粒が団子状に集まってできる団粒というやや大きな粒からなる土で、団粒と団粒の間にすき間ができることで水はけや通気性がよくなり、さらに団粒に水分や肥料分が蓄えられるため、保水性と保肥性も高くなります。

土を団粒化するもっとも簡単な方法は、土を耕すことです。土を掘り起こしてよく耕すことで、土に空気が含まれ、フカフカの団粒構造をした土になります。しかし、こうしてできた団粒構造は水やりや雨、踏み固めることなどで簡単に単粒構造の土に戻ってしまいます。

長い間維持される団粒構造の土をつくるためには、土に堆肥や腐葉土など有機質をたっぷりと混ぜ込んでよく耕すことが大切です。有機質を分解する微生物の活動が活発になり、単粒を団粒化するとともに、有機物が分解されてできた無機物が植物の栄養となります。

団粒構造のつくり方

1 植えつける植物の大きさに合わせて穴を掘る。根鉢の大きさよりもひと回り大きく土を掘る。

2 穴に堆肥や腐葉土を入れる。堆肥は肥料分にもなるのでたっぷり施す。

3 土を戻しながら、有機質が土とよく混ざるように、スコップで混ぜる。戻す土は根鉢が入るように調整する。

微生物の力で団粒化

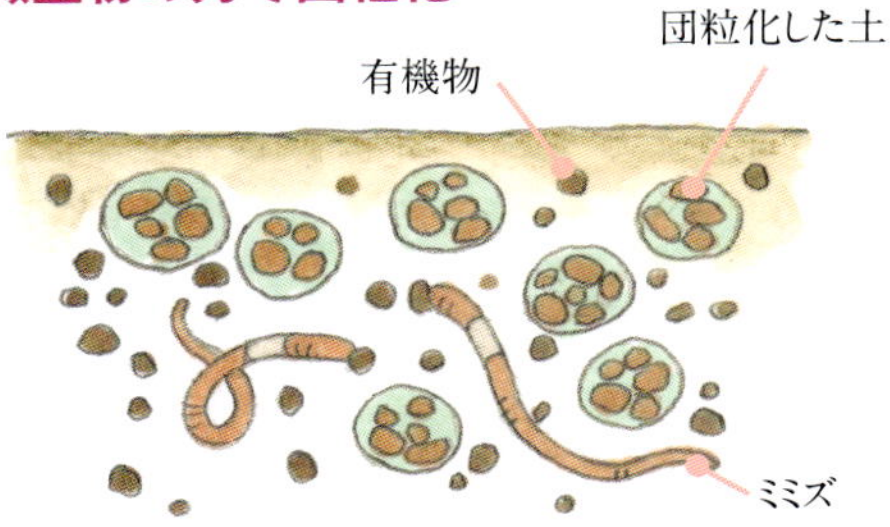

土に堆肥などの有機質が施されると土の中の微生物の働きが活発になり、土の団粒化が促進される。また有機質は土の中の微生物に分解されて無機質となり、植物の根から吸収されて栄養となる。

草花の植えつけ

よい苗を適期に植えることが大切

よい苗は、まず茎がしっかりと太いこと、そして徒長していないこと。徒長した苗は節と節の間があき、ヒョロヒョロと間延びしています。日光不足や肥料のあたえすぎた苗は徒長しやすく、病気になりやすいので避けましょう。

また葉色が濃く、しっかりと張りのある葉を持った株を選びます。葉色が薄くしおれたような葉の株は根の生育がよくない証拠です。虫に食われたり病気になったりしていないかを確認することも忘れずに。

苗は適期に植えつけることが大切です。園芸店やホームセンターの園芸コーナーなどでは、たいてい植えつけに適した時期に苗が出回りますが、その年の気候や植えつけ場所の環境によっては、多少植えつけ適期が前後します。実際の気候条件などを考慮しつつ、もっともよい時期に植えつけるようにしましょう。

植えるときの間隔は、成長後の広がりを考慮して広めにします。

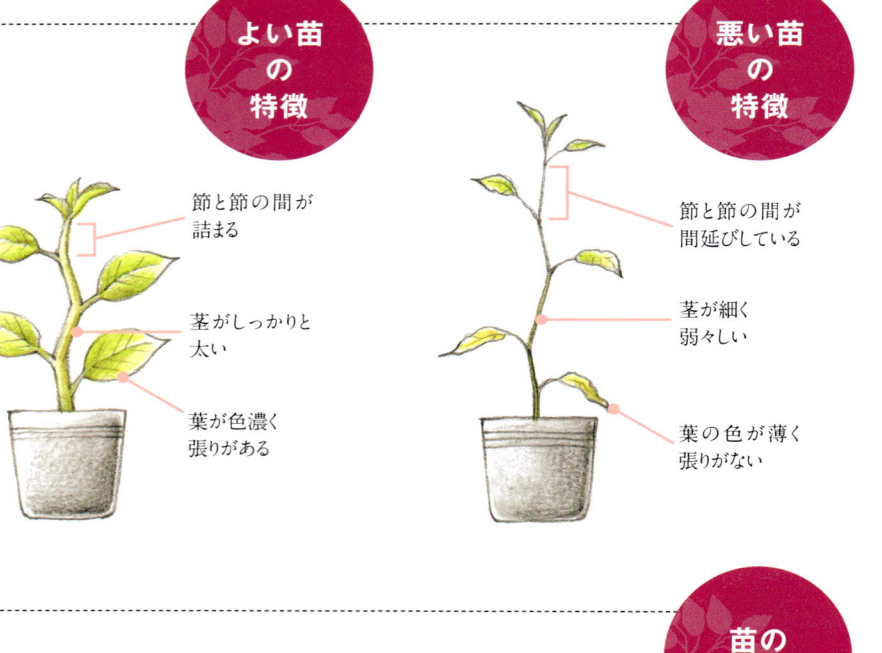

よい苗の特徴

悪い苗の特徴

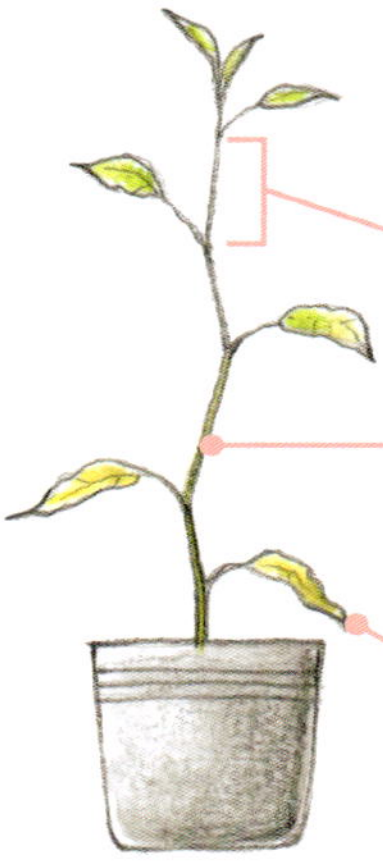

苗の植えつけ

1 植えつけ場所の土を掘り起こし、石やゴミを取り除く。堆肥や腐葉土を入れ、掘り上げた土を混ぜる。

2 根鉢が土と同じ高さになるように苗を植えつけ、株元に土を寄せてしっかりと押さえる。

樹木の植えつけ

適した時期に植え丈夫に育てる

できるだけ樹木に負担のないように植えつけをするには、その樹木に合わせた時期を選び、また日当たりの具合など、それぞれの樹木に適した場所に植えつけるようにします。

植物は、一年の中でその気候の変化に合わせた生育のサイクルを持っています。樹木もその生育のサイクルの中でもっとも植えつけに適した時期があり、その時期に植えつけをすることで、負担が少なくなり、丈夫な樹木に育ちます。

落葉樹は初冬から春のはじめが休眠期で、落葉する11～3月の間に植えつけを行うのがもっともよいとされます。

常緑樹は一般に温暖な気候を好むため、発芽前の3～4月、成長が一旦休止する6月、樹勢が落ち着く9～10月頃が適しています。針葉樹は成長をはじめる3～4月がもっとも適しています。

植えつけは風のない、曇りの日あるいは降雨の直後に行いましょう。

樹木の植えつけ

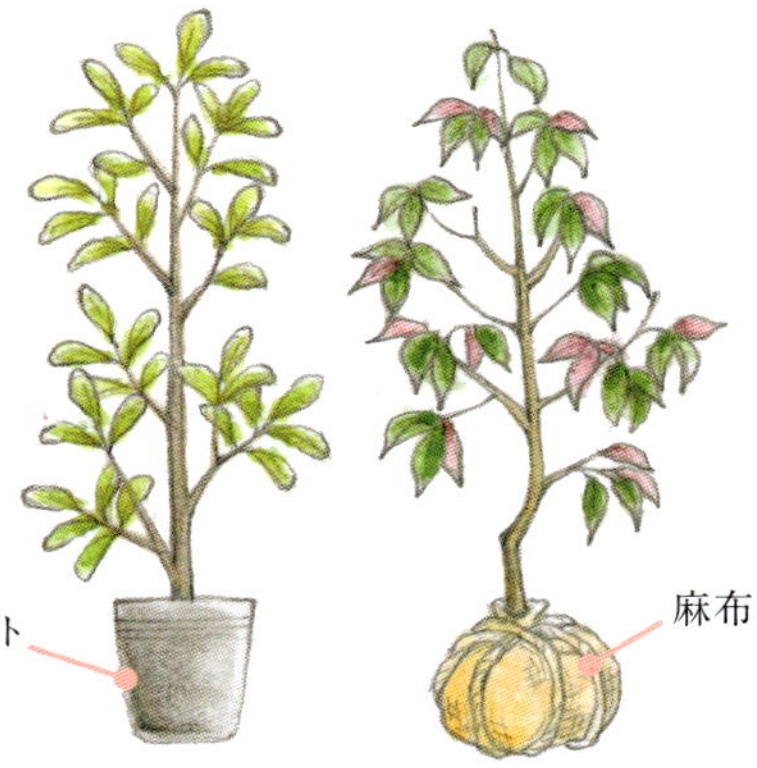

1 苗木にはポットと麻布などに根鉢が包まれたものがある。ポットの苗木は根鉢を崩さないように取り出し、麻布に包まれたものはそのまま植えつける。

2 穴を掘り、根鉢が地面よりもやや高くなるように調整しながら苗を穴に入れる。土を戻し、そのまわりに、水が流れ出ないように土を寄せて土手をつくる。

3 土手の内側に水をたっぷり注ぎ入れる。水が土にしみ込むのを待ち、再度水をたっぷりと注ぐ。これを2～3回繰り返す。

4 根鉢の周囲にスコップを差し込んで、空気を抜くようにしながら土の目を詰め、根と土との間にすき間ができないようにする。

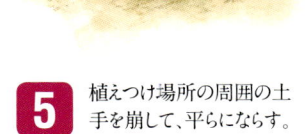

5 植えつけ場所の周囲の土手を崩して、平らにならす。

6 苗木の幹と交差するように支柱を立て、ひもで結わいてしっかり支える。

鉢のタイプ

鉢選びは素材と形によってさまざま

　草花を植える鉢を選ぶ場合、草花との組み合わせで形やデザインを決めることはもちろんのこと、その素材も選択の大切なポイントとなります。

　一般的に鉢には素材によって、通気性がよく栽培に適した素焼きの鉢、軽量で扱いやすいグラスファイバー製の鉢、素焼きの鉢よりも耐久性は劣りますが、植物との相性がよい木製の鉢、色や質感などがおしゃれな金属製の鉢などがあります。金属製の鉢は底に穴があいていないものが多いので、釘で穴をあける必要があります。素材ごとの特徴を知り、植えつける植物の種類や置き場所、用途などによって鉢の素材を選択しましょう。

　鉢にはさまざまな形があるので、草花にふさわしいものを選びましょう。一般的な鉢の形には、ポット型、スクエア型、ローボウル型、プランター型などがあり、さらに、ウォール型やつり下げ型のハンギングバスケットがあります。

鉢の形のタイプ

ポット型

オーソドックスな、一般的な植木鉢の形で、幅広く利用できる。深さがあるので、球根や花木など根が深く張るものに最適。

スクエア型

四角い形の鉢。安定感があり、株の高さがあるものや花木などに適している。

ローボウル型

高さよりも口径が大きな鉢。深さがないため根が深く張る植物には不向きだが、寄せ植えなどに向く。

プランター型

長方形のコンテナ。平面的になりやすいため、高さの異なる草花をうまく組み合わせるなどして奥行き感を出すとよい。

ハンギングバスケット

壁面にかけて飾る半円形をしたウォール型のバスケットや、つり下げて四方から眺めることのできるつり下げ型のものなどがある。

鉢の植えつけ

寄せ植えでは根鉢を小さくする

通常購入した苗はポット（ポリポット）に入れられています。植えるときはポットから株を抜いて植えつけます。寄せ植えでは、根鉢を少し小さくすると、ひとつの鉢に多くの株数を植えつけることができ、またレイアウトの自由度も増します。

草花の種類にもよりますが、春から初夏の生育に適した季節には、ある程度根を触っても生育に影響はありません。この時期には、根鉢の底が帯状の根になった「ルートバンド」と呼ばれる部分を土と一緒に取ります。こうすることで新しい根が伸びて、水分や肥料を吸収しやすくなります。寄せ植えでは、ルートバンドと、根鉢の側面や肩の部分の根を土と一緒にひと回り取り去り、根鉢を小さくします。

寄せ植えは庭植えと違い、根が広がる範囲が限られるため、毎年植え替える必要があります。このため、間隔はあけずに植えつけ、シーズンごとに草花を入れ替えて楽しみましょう。

鉢への植えつけ

1 根鉢を押さえながら逆さまにして苗を取り出す。根が回りすぎていないか確認する。

ルートバンド：ポットの底で、根が回って硬く帯状に締まった部分

2 根がよく伸びるように、硬く締まったルートバンドを取る。複数植える場合は、根鉢の肩や側面をひと回り小さくする。

3 鉢底石、培養土の順に土を入れ、苗を入れて高さを調整する。根鉢と土が同じ高さになるようにすき間に土を入れ、水やりをする。

寄せ植えにするとき

ルートバンドと根鉢の肩や側面の土を、根と一緒にひと回り落とす。根鉢を小さくすることで、鉢に植えつける株数を増やすことができ、またレイアウトもしやすくなる。

水やり・マルチング

庭での水やりは基本的に不要

鉢植えの土は乾きやすく、頻繁な水やりが必要ですが、庭植えの場合は、土が完全に乾くことが少なく、鉢植えの植物ほど水やりに神経を使う必要はありません。よほど乾燥が続く場合や、水はけがよすぎる場所以外では、基本的に水やりの必要がないほどです。

しかし、植栽1年目は土が乾いたら水やりをします。また、夏など土が極端に乾く時期には庭植えであっても水やりが必要となります。もともと水はけがよくて乾きやすい土質の場所や、斜面につくった庭などでは、降雨が少なく乾燥が続くと、土が完全に乾ききってしまうことが考えられます。そのような場所ではしっかりと水やりをする必要があります。

水やりはたっぷりとやることが大切です。表面が軽く湿った程度では、根にたっぷりと水が届くほど、土に水がしみていません。根の周囲の土にまでたっぷりと水がしみ込むように、水をまくことが大切です。

水やりの基本

鉢植え

鉢植えでは、春と秋の朝に1日1回、夏は朝と夕方1日2回、冬は鉢表面の土が乾いたら朝1回あたえる。鉢底から水がしみ出るまでたっぷりとあたえ、これを2～3回繰り返す。

地植え

乾燥が続く場合や乾きやすい場所では、必要に応じて水やりをする。ハス口をつけたホースで、たっぷりと水やりをする。水やりが不十分だと、土の中まで水がしみ込まないことがある（写真下）。

マルチングで乾燥を防ぐ

乾燥した気候で土が乾きやすい場所では、ワラや腐葉土などを株元に敷き詰めて、土の乾燥を防ぐ。水やりはマルチングの上からする。

夏越し・冬越し

夏と冬は植物にとって過酷な季節

日本の夏と冬は草花にとっては耐え難い時期ということができます。そのため、なんらかの工夫をしないと、場合によっては枯れてしまうこともあります。

夏を越すためには、夏を迎える前にカリ成分を多めに含む肥料を施し、株に体力をつけておくことが必要です。また、夏の強い日射しは乾燥を招き、葉焼けを起こすことがあります。強い日射しに弱い草花では、寒冷紗などで遮光するとともに、風通しをよくします。鉢植えの場合は木陰など半日陰の場所に移動して管理しましょう。

冬は、霜が降りる前に切り戻しをしておくと株の消耗が抑えられ、安全に冬越しさせることができます。耐寒性の低い鉢植えの植物は、厳寒期には室内に取り込むようにします。庭植えの場合、地中の温度を保つために、株元にワラやピートモスなどのマルチング資材で覆ったり、掘り上げて鉢に移し、室内や寒さに当たらない場所で管理したりします。

夏越しの工夫

移動できない地植えの植物の場合、アサガオなど夏に茂るつる植物を利用して日陰をつくる。

鉢植えの植物は、強い日射しを避けるために日陰に移動する。

冬越しの工夫

地上部が枯れたら株元にワラやピートモスなどをかぶせ、保温する。切り戻してもよい。

耐寒性の低い植物は掘り上げて鉢に移し、室内などで管理する。

草花の管理

摘芯して花数を増やし 花後は花がらを摘む

しっかりと管理すれば草花は美しい花で庭を彩ってくれます。花が咲く前とあとに適切に管理すれば、たくさんの花をつけさせることができます。

　花数を増やしたり、葉を茂らせたりするためには摘芯を行います。成長して葉が茂りはじめた時期に、新芽の部分を摘み取ると、枝が増えて株が茂って花が多くつくようになります。

　また、植物は花後に種子をつくる準備をはじめます。種子をつくるためには、養分の多くが使われ、成長や花を咲かせる力が低下します。そこで咲き終わった花が種子をつくる前に花などを摘み取り、株全体の体力を維持して花つきをよくします。これを「花がら摘み」といいます。

　咲き終わった花を枯れたままにしておくと、枯れて汚く見えるだけでなく、蒸れて傷んで病害虫の被害を受けやすくなります。それを防ぐためにも花がら摘みはとても大切な作業です。

摘芯の方法

1 勢いよく生育している時期に新しい芽を、その下の葉のすぐ上で摘み取る。この作業を株全体に行うことで、茎や枝の数が増え、株がこんもりと茂って花数も増える。また草丈を抑える役割もある。

2 摘芯後は、切ったところのすぐ下の葉のつけ根から、わき芽が発生し、茎が伸びて葉や花数が多くなる。

花がら摘みの方法

花茎が伸びるもの

バラやビオラ、リクニスなどは、花が終わったら花の茎（花茎）をできるだけ残さないように、基部から摘み取る。

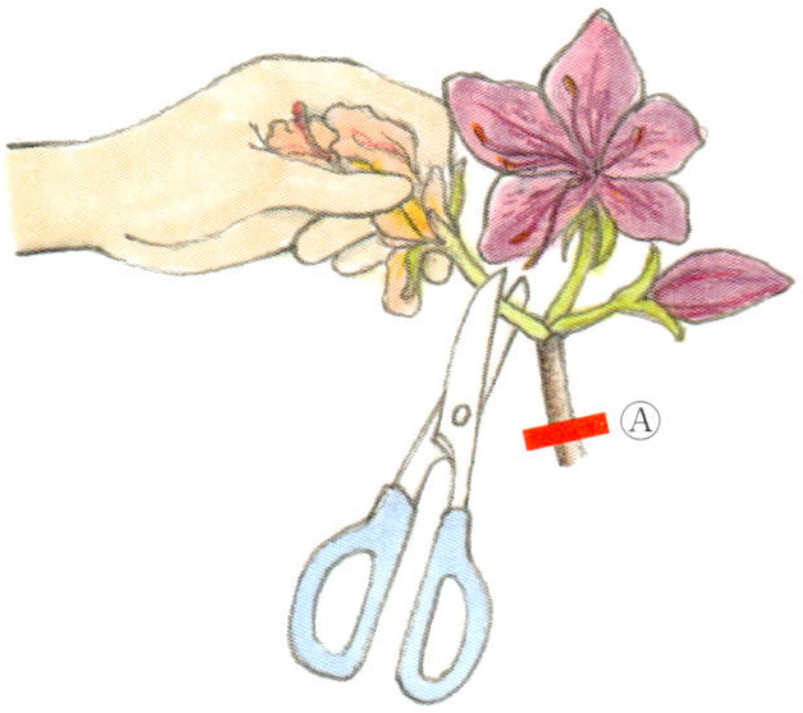

花茎が短いもの

ツツジなど花の茎が短いものは、咲き終わった花から順番に摘み取り、最後の花が終わったら花の茎の基部（Ⓐ）で切り取る。

切り戻しで成長を促し肥料をあたえる

成長のための養分は、新しい芽に集中し、古い茎や葉には養分が行き渡りにくくなります。そのため新しい茎がどんどん伸びて株全体の形が崩れたり、茎の下のほうの古い葉が枯れてきたりします。

このようになることを防ぐために、大部分の花が咲き終わった頃、すべての茎を半分から3分の1くらいの長さに切り戻すと、株全体が刺激されて成長が促進されるようになります。また、切り戻したときに肥料をあたえると成長の勢いが増し、切り戻した下からわき芽が発生して二番花、三番花が咲くようになります。

多くの草花は真夏の蒸し暑さが苦手です。そのような時期の前に切り戻しをすることで、株の負担が減り、また風通しもよくなることで、株が弱ることを防ぐことができます。切り戻しのあとには元気な新芽が多数発生し、秋にはまた整った姿でたくさんの花を咲かせるようになります。

ただし、株が弱っているときや生育が鈍っている時期に切り戻しをすると株が弱り、枯れてしまうことがあるので、時期と株の様子を見ながら適切な時期に切り戻しをするようにします。

切り戻しの方法

1 ミントなどで葉が茂ってきた株は、風通しが悪くなるので、全体の1/2～1/3まで切り戻して成長を促す。

2 切り戻すと元気な新芽が伸びて、再び成長をはじめる。

肥料のあたえ方

固形肥料

固形肥料はラベルの用量を、株の葉の広がりに円を描くようにまき、移植ゴテで土とよく混ぜ合わせる。

液体肥料

液体肥料はラベルの用量を水で希釈して、ジョウロなどで水やりと同じようにあたえる。

植物の増やし方

掘り上げて株分けをして増やす

タネや株を購入して植えつけるのもよいですが、栽培に慣れてきたら、自分で株を増やして庭づくりに利用するのも楽しみのひとつです。

植物の増やし方には植物の性質や目的に応じていくつかの方法がありますが、コツをつかめばどれもそれほど難しい作業ではありません。

大きく育った株は、掘り上げていくつかの株に分けることができます。宿根草や一部の樹木では、もっとも一般的な増やし方です。

株分けは単に株数を増やすためだけでなく、株分けによる刺激によって成長が促進されるため、新芽ひとつひとつを充実させる役割も果たします。株を増やす目的がなくても3年に1回程度株分けを行って、株をリフレッシュさせるようにしましょう。

株分けに適した時期は植物によって違いますが、一般的に株が休眠している秋から春にかけて行います。

株分けの手順

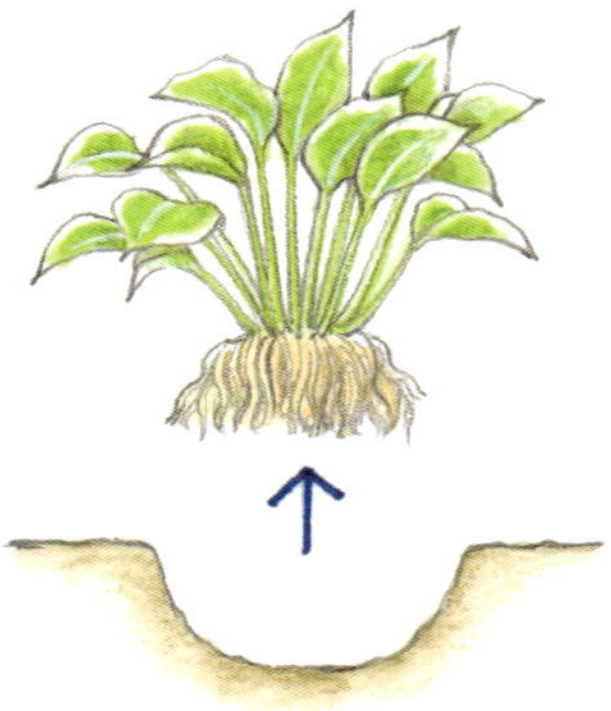

1 ギボウシなど増えすぎた株はスコップを使って、できるだけ根をつけた状態で掘り上げる。

2 根鉢を手で分ける。根鉢を割りにくいときは、ハサミや包丁を使って分ける。

3 古い根や傷んで黒くなった根を取りのぞき、根鉢の下部の土を崩すようにして根をほぐす。

4 根鉢の肩が地面の高さと同じくらいになるように植えつけて、たっぷりと水やりをする。

分球、挿し芽・挿し木、タネで増やす

球根は、親株（古い球根）のまわりに子球（新たにできた球根）ができて増えるものがあります。休眠期に入ったら掘り上げて乾燥させて、子球をはずして保存し、植えつけ時期を待ちます。

挿し木や挿し芽は、成長期に植物の頂芽やわき芽などを切り取り、土に挿すなどして増やす方法です。ほとんどの草花や樹木で可能な繁殖方法です。樹木の場合は挿し木といいます。挿し芽や挿し木の適期は、多くの場合気温が15～25℃の頃です。

草花は消耗を防ぐために、花後、タネができる前に花がらを摘んでしまい、タネをとらないのが一般的です。植物にもよりますが、タネは完熟すると自然にこぼれたりはじけ飛んだりしてしまいます。

タネで増やす場合は、花後まだタネが完全に熟さないうちに実を摘み取ります。採取したタネは日陰で乾燥させて、乾燥剤を入れたビンなどに入れ、タネまきの時期まで保存します。

繁殖力の強い一年草などでは、こぼれダネでどんどん増えてしまう場合があります。このため、植物が増えすぎないように、あらかじめタネを採取しておきます。

分球で増やす

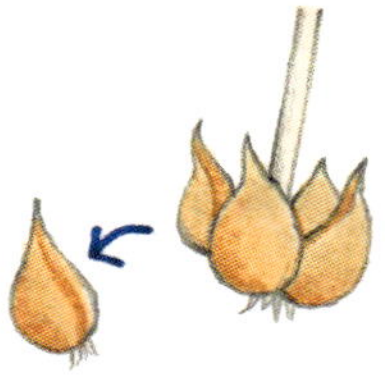

枯れたら掘り上げ、親株のまわりにできる子球をひとつずつ手で分ける。

挿し木で増やす

1 挿し芽・挿し木を行う植物の茎や枝を、ハサミで切り取る。育苗箱やポットに培養土を入れて茎や枝を挿す。

2 やさしく水やりをし、乾燥を防ぐために、透明なポリ袋に入れる。上部の口は、少しあく程度にする。

タネで増やす

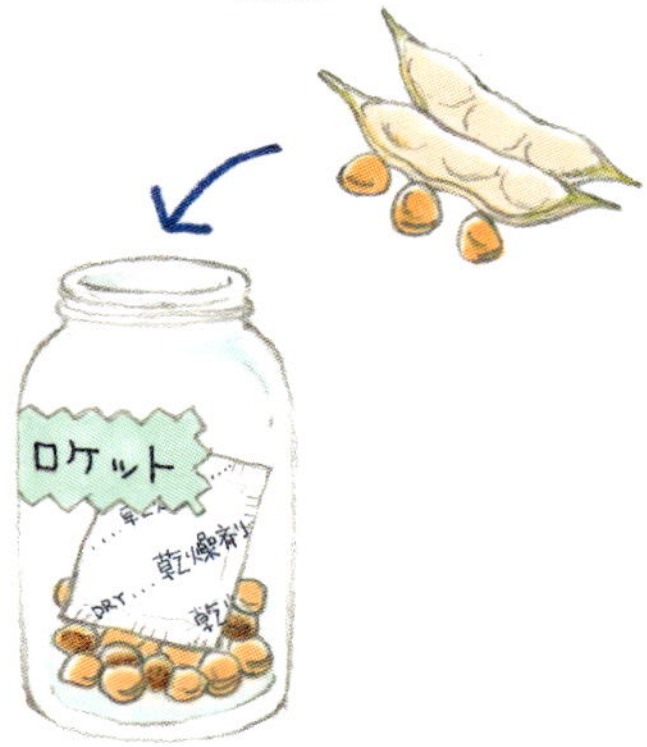

タネが熟す少し前に、実を摘み取ってよく乾燥させる。タネを取り出し、乾燥後はビンなどに乾燥剤を入れて保存する。

樹木の管理

間引き剪定と切り戻し剪定

庭木に欠かせない作業のひとつに剪定があります。剪定というと専門の難しい技術が必要だと思われがちですが、多くの樹種に共通した基本をマスターしておけば、あとはその応用で、さまざまな場面に対応できるようになります。

剪定の基本はふたつ。「間引き剪定」と「切り戻し剪定」です。

間引き剪定は、樹形を乱す不要な枝や混み合った部分の枝などをつけ根から切り取る剪定で「透かし剪定」ともいわれます。

間引き剪定は、枝数を減らすことで樹冠の中に日光が入るようになり、また風通しもよくなり、病害虫の被害が発生しにくくなります。

枝先を短く切り詰めるのが切り戻し剪定で、ふつう間引き剪定のあとに必要に応じて行うものです。切り戻し剪定をするとそこから元気のよい新梢が伸びます。発生する新梢《しんしょう》の勢いは剪定の強弱によって変わってきます。一般的には強く（枝を短く）剪定すると勢いのよい新梢が発生し、長い枝が伸びます。

剪定は、落葉樹の場合は休眠期である12～3月に、常緑樹は3～4月、あるいは9月に行うのが一般的です。

不要な枝はつけ根から切る

樹木全体を見て、不要な枝をその元から切り取ります。不要な枝とは、ひこばえ、胴吹き、徒長枝、交差枝、逆さ枝、立ち枝、車枝、平行枝、絡み枝などです。

ひこばえ▶樹木の株元から立ち上がるように生える若い芽のことです。株立ちに仕立てる場合は残す場合もあります。

胴《どう》吹《ぶ》き枝《えだ》▶幹の途中から芽吹いて伸びた枝です。樹形をつくるために必要な場合は残します。

徒《と》長《ちょう》枝《し》▶主幹や主枝から伸び出て、ほかの枝より勢いがあって長く伸びている枝をいいます。花木では徒長枝には花がつきません。

交《こう》差《さ》枝《えだ》▶必要なほかの枝に対して交差している枝で、本来の樹木の枝としては不自然な姿といえます。

逆さ枝▶ほかの枝とは逆向きに、下向き、あるいは幹に向かうように内側に向かって伸びる枝です。

立ち枝▶まっすぐ上へと伸びる枝です。

車枝《くるまえだ》▶1カ所から放射状に何本も出た枝のことをいいます。枝ぶりのよいものだけを残してほかを切り取ります。

平《へい》行《こう》枝《し》▶残そうと思う枝と平行に伸びている、太さも長さも同じような枝をいいます。

絡み枝▶ほかの枝に絡んだようになっている枝を指し、枝どうしがこすれ合って傷んでしまいます。

剪定ではこれら不要な枝を切り取ると同時に、枯れた枝や古く傷んだ枝なども切り取ります。

間引き剪定がすんだら、必要に応じて切り戻し剪定をして、残した枝を切り詰めます。切り戻す長さは樹種やその樹木の状態によって異なってきます。原則的には、まわりの枝よりも長い枝を、先端からその枝の長さの4分の1から3分の1程度の位置にある新しい外芽の少し上で切ります。

樹形の元となる各部の名称

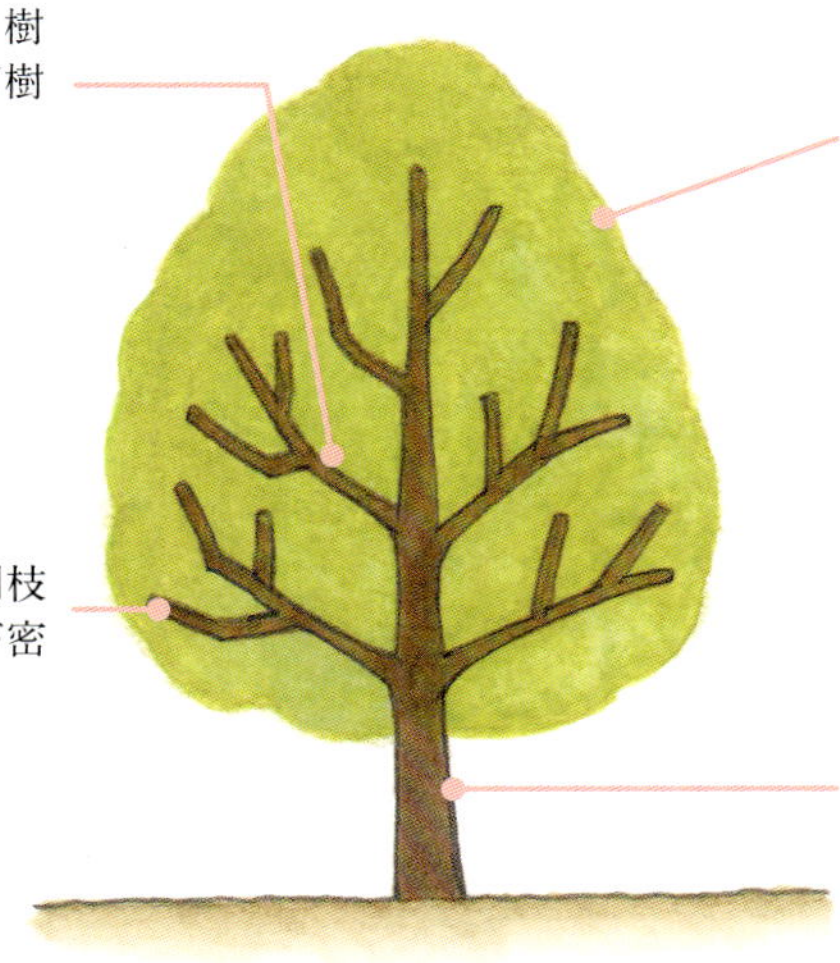

主枝《しゅし》
主冠から出た枝で、樹形を形づくるいわば樹木の骨格となる枝。

樹幹《じゅかん》
樹木の枝や葉が茂っている部分。樹幹の形がその樹木の樹形を形づくる。

側枝《そくし》
主枝から出た枝。側枝が多く出ると枝葉が密になる。

主幹《しゅかん》
単に幹ともいう樹木の中心となる部分。ふつう地面から主枝が枝分かれする部分までをいう。

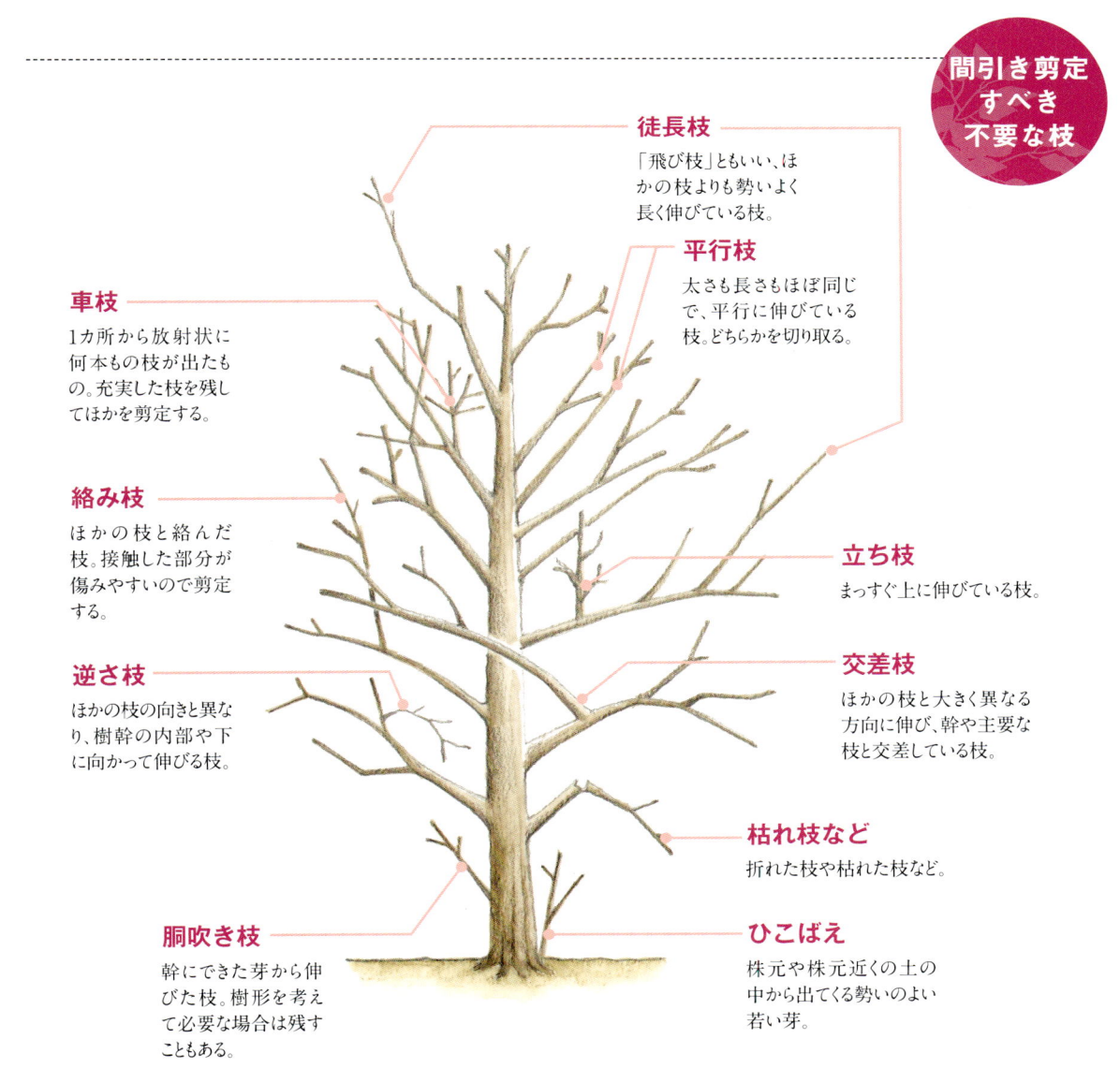

間引き剪定すべき不要な枝

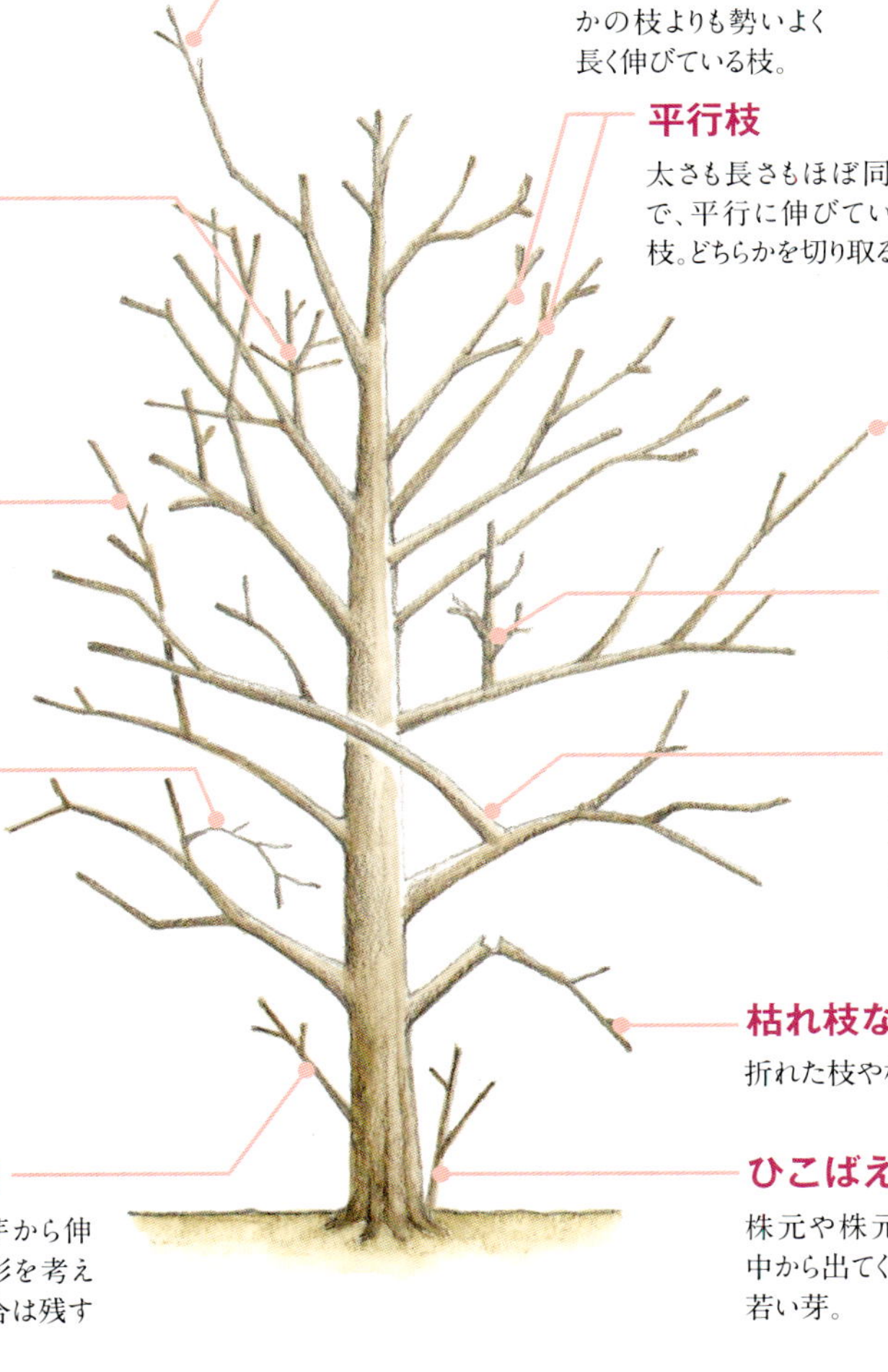

徒長枝
「飛び枝」ともいい、ほかの枝よりも勢いよく長く伸びている枝。

平行枝
太さも長さもほぼ同じで、平行に伸びている枝。どちらかを切り取る。

車枝
1カ所から放射状に何本もの枝が出たもの。充実した枝を残してほかを剪定する。

絡み枝
ほかの枝と絡んだ枝。接触した部分が傷みやすいので剪定する。

立ち枝
まっすぐ上に伸びている枝。

逆さ枝
ほかの枝の向きと異なり、樹幹の内部や下に向かって伸びる枝。

交差枝
ほかの枝と大きく異なる方向に伸び、幹や主要な枝と交差している枝。

枯れ枝など
折れた枝や枯れた枝など。

胴吹き枝
幹にできた芽から伸びた枝。樹形を考えて必要な場合は残すこともある。

ひこばえ
株元や株元近くの土の中から出てくる勢いのよい若い芽。

間引き剪定

不要な枝を整理することで、混み合った部分がなくなり樹形をスッキリさせるとともに、樹幹内部の日当たりや風通しがよくなる。

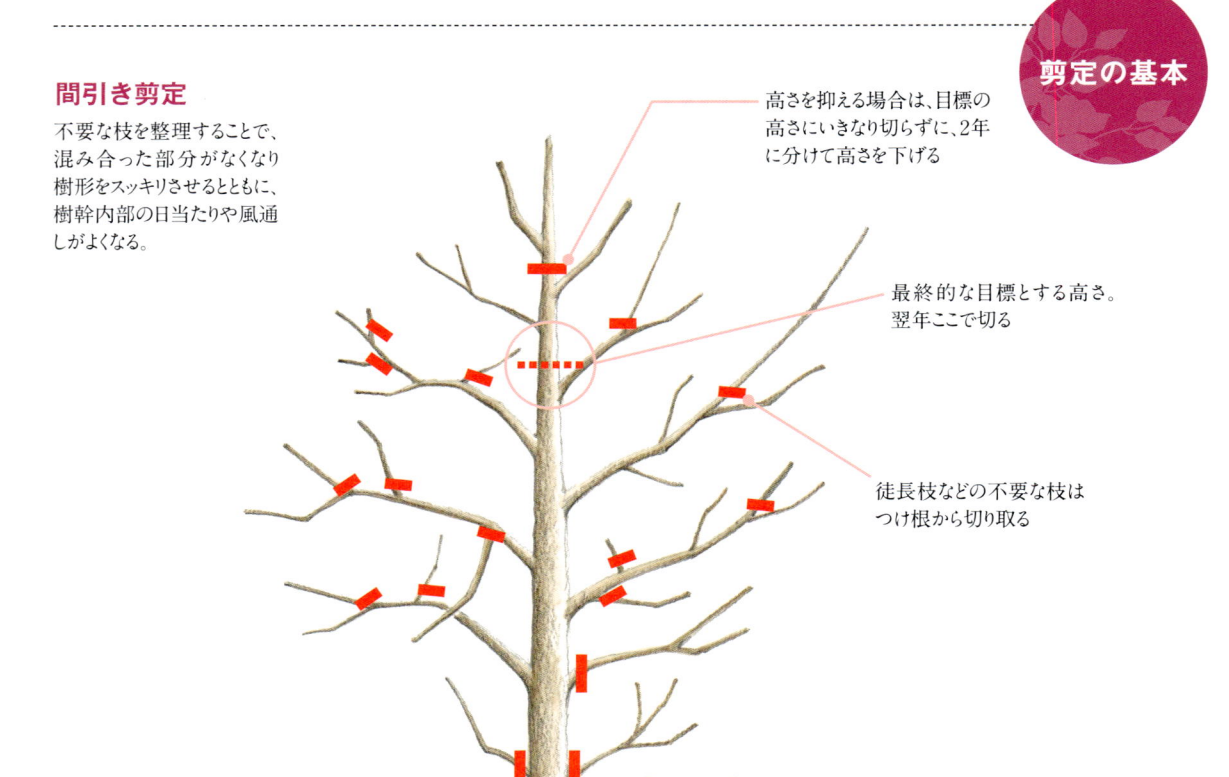

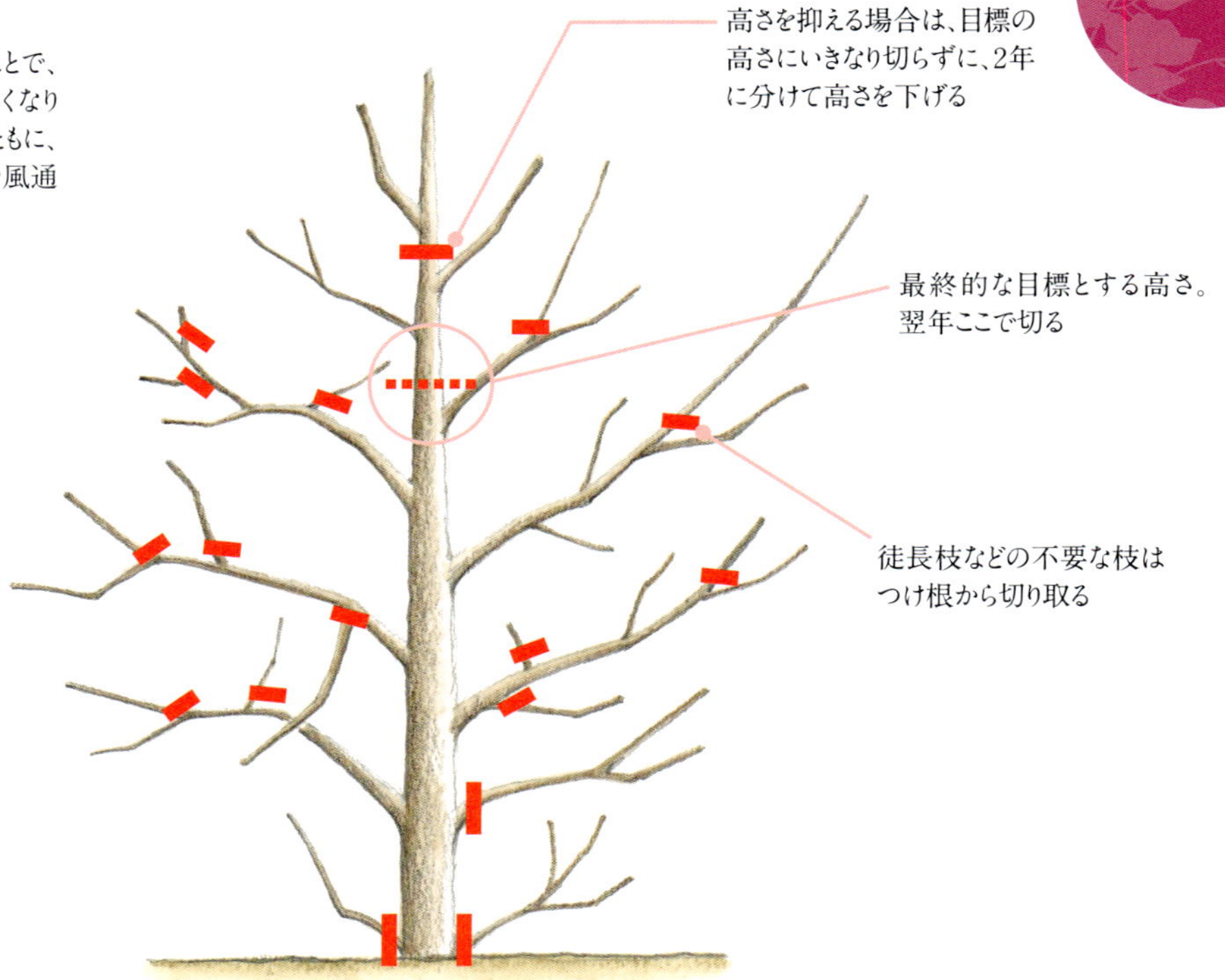
高さを抑える場合は、目標の高さにいきなり切らずに、2年に分けて高さを下げる
最終的な目標とする高さ。翌年ここで切る
徒長枝などの不要な枝はつけ根から切り取る

切り戻し剪定

通常、間引き剪定後に行う。樹形を乱す長く伸びた枝を短く切り戻すことで、樹木全体の大きさを抑え、姿を整える。

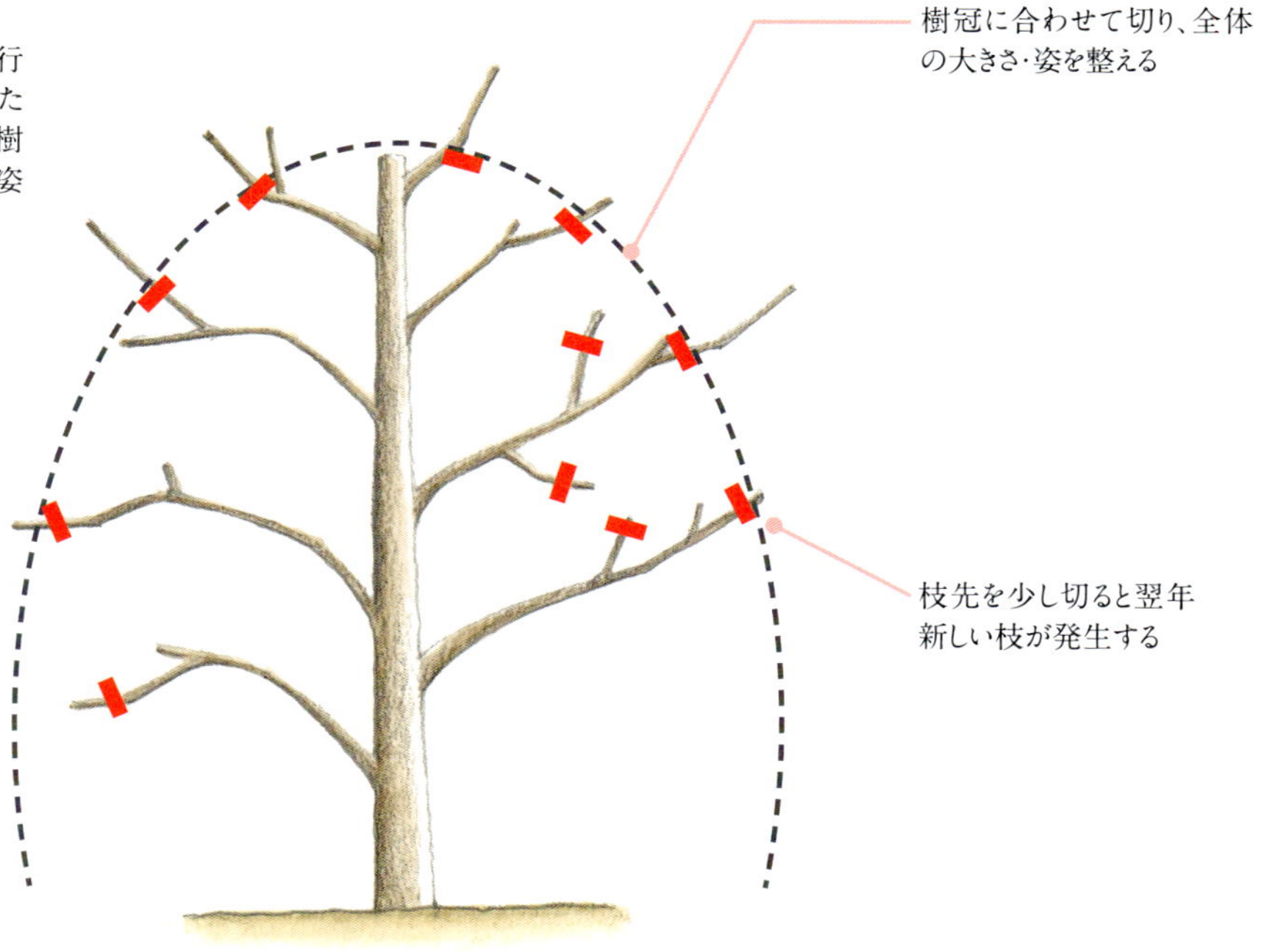
樹冠に合わせて切り、全体の大きさ・姿を整える
枝先を少し切ると翌年新しい枝が発生する

剪定の位置

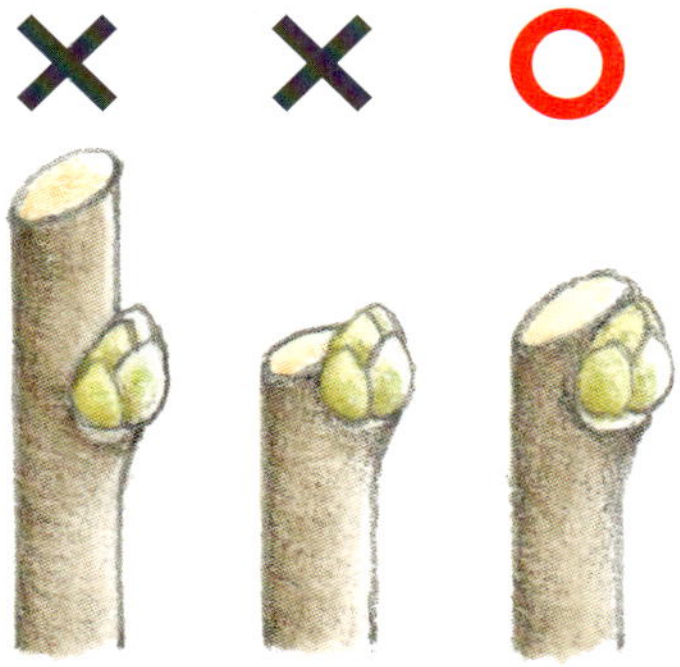

剪定するときは枝についた外芽の5mmほど上で斜めに切る。残した芽から枝が伸びるため、内芽で切ってしまうと不要な枝になりやすい。枝を残しすぎたり、芽の近くで短く切りすぎたりすると枯れ込む原因となるので注意する。

頂芽と側芽

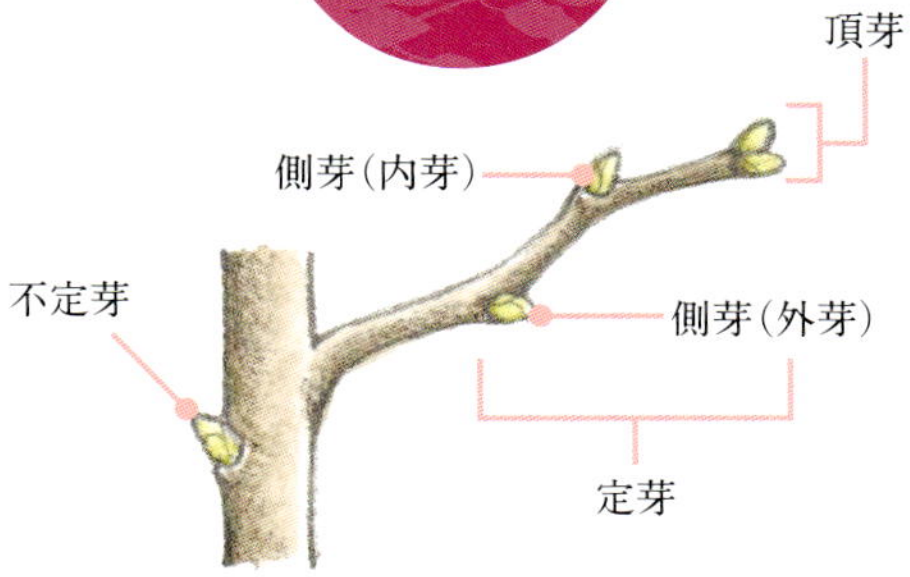

植物の芽は、ふつう茎頂（茎の先）と葉脇（葉のつけ根）といった決まった場所につくられる。茎頂にできる芽を「頂芽」、葉脇にできる芽を「側芽」と呼ぶ。それに対し、定芽をつける決まった場所以外に芽が発生することがあり、それを「不定芽」という。側芽には枝の幹側にできる内芽と幹と反対側にできる外芽があり、剪定は外芽のすぐ上で切るのが基本。

切り戻しの強弱

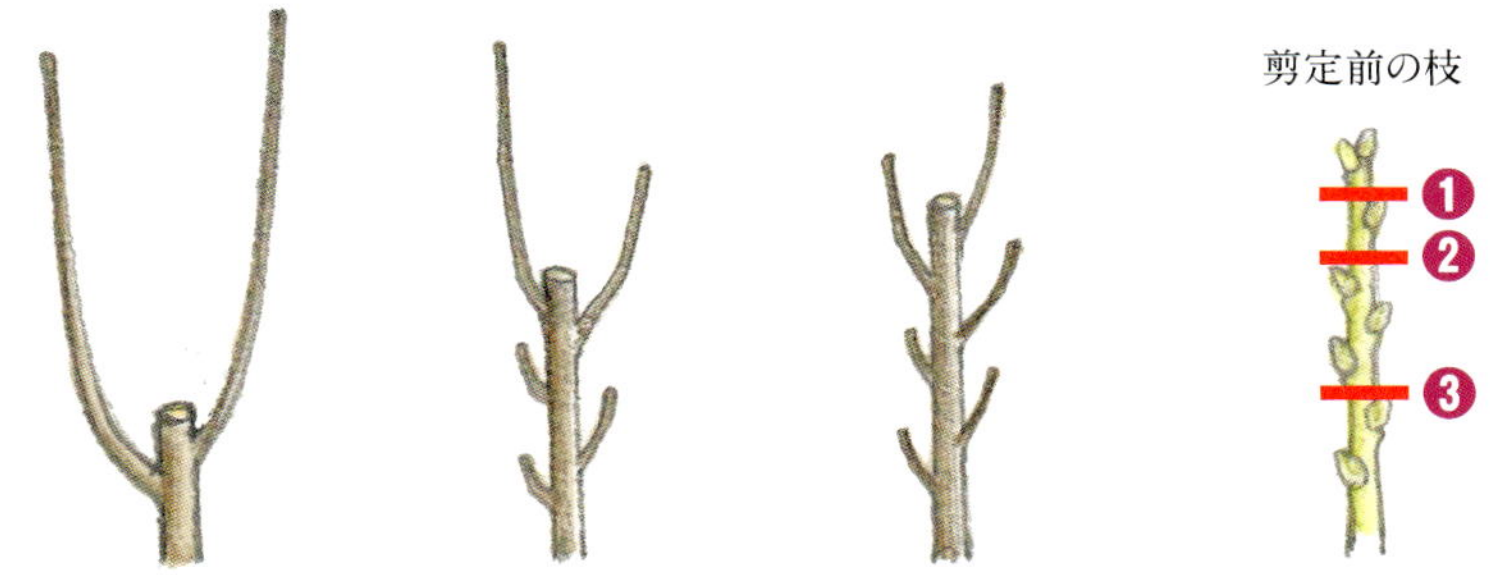

❸ 強剪定した枝の伸び方

❷ やや強く剪定した枝の伸び方

❶ 弱剪定した枝の伸び方

切り戻しをするときは、枝を切る長さによって翌年伸びる枝の長さが変わってくる。枝を短くなるまで切り詰めることを「強剪定」、枝を長く残して切ることを「弱剪定」という。翌年の枝の長さをイメージして切る長さを決めるとよい。

太い枝の切り方

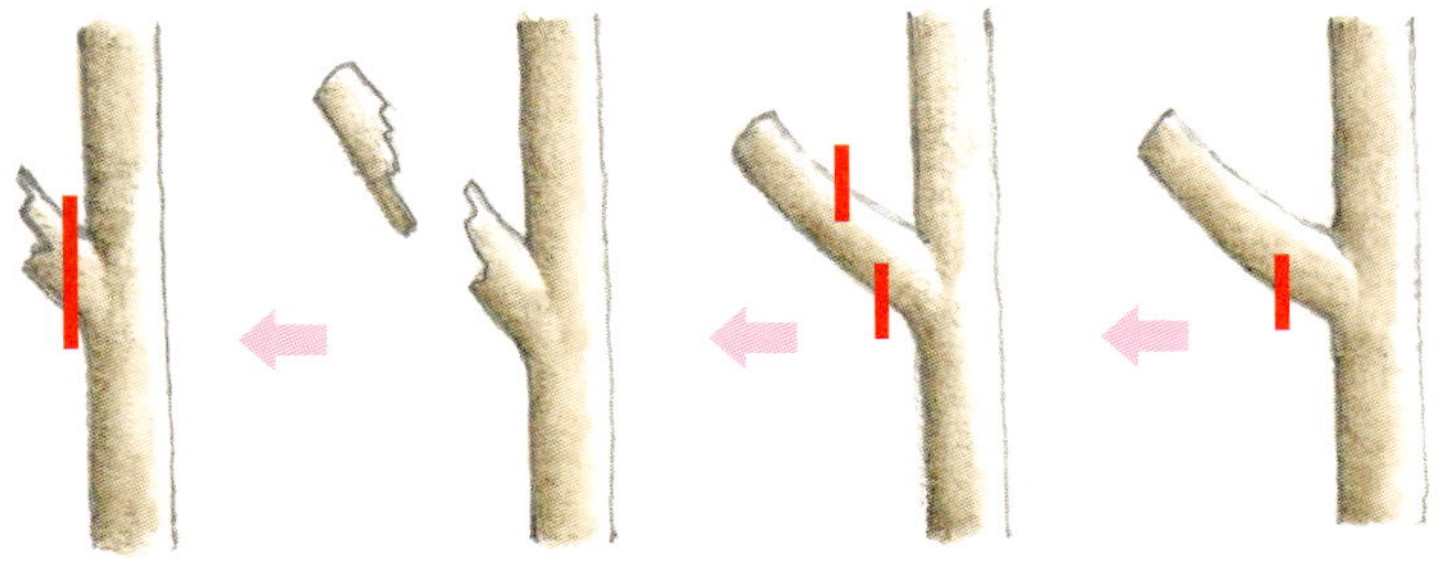

1 つけ根からやや離れた位置に、下から切れ込みを入れる。

2 **1**から少し離れた枝先に、上から切れ込みを入れる。

3 枝先を持って折り取る。こうすると樹皮が裂けることもない。

4 枝の重みがなくなったところで、残った枝をつけ根から切る。

剪定バサミで切れないほどの太い枝は、ノコギリで数回に分けて枝を切る。1カ所だけで切ると枝の重みで樹皮や枝が裂けるため、枝に切れ目を入れて折ってから、つけ根で切り落とす。

つる植物の誘引

剪定してから誘引する

つる植物は繁殖力が旺盛なものが多く、初夏から夏にかけての成長期には、どんどんと枝葉を伸ばしていきます。

自然に茂るつる植物を楽しむのもよいのですが、形よく仕立てていくためには剪定と誘引が欠かせません。

フェンスやアーチ、壁面など、つる植物を絡めたい場所の支持物にうまくつるを導いてとめていきます。この際、先のほうに枝葉が茂って重くなり、下に下がってしまいそうな枝や、逆に細く弱々しい枝は切り取ります。また誘引したい方向とは逆向きに伸びる不要な枝も切り取ります。こうすることでスッキリとした姿に誘引でき、また風通しもよくなるので病害虫の発生も減らすことができます。

誘引の適期は枝の水分が少なくなって曲げやすくなる12～1月です。誘引の前に間引き剪定をし、枝を伸ばしたい方向に誘引します。また、枝を水平にすることで花つきがよくなるものもあります。

つるバラの誘引

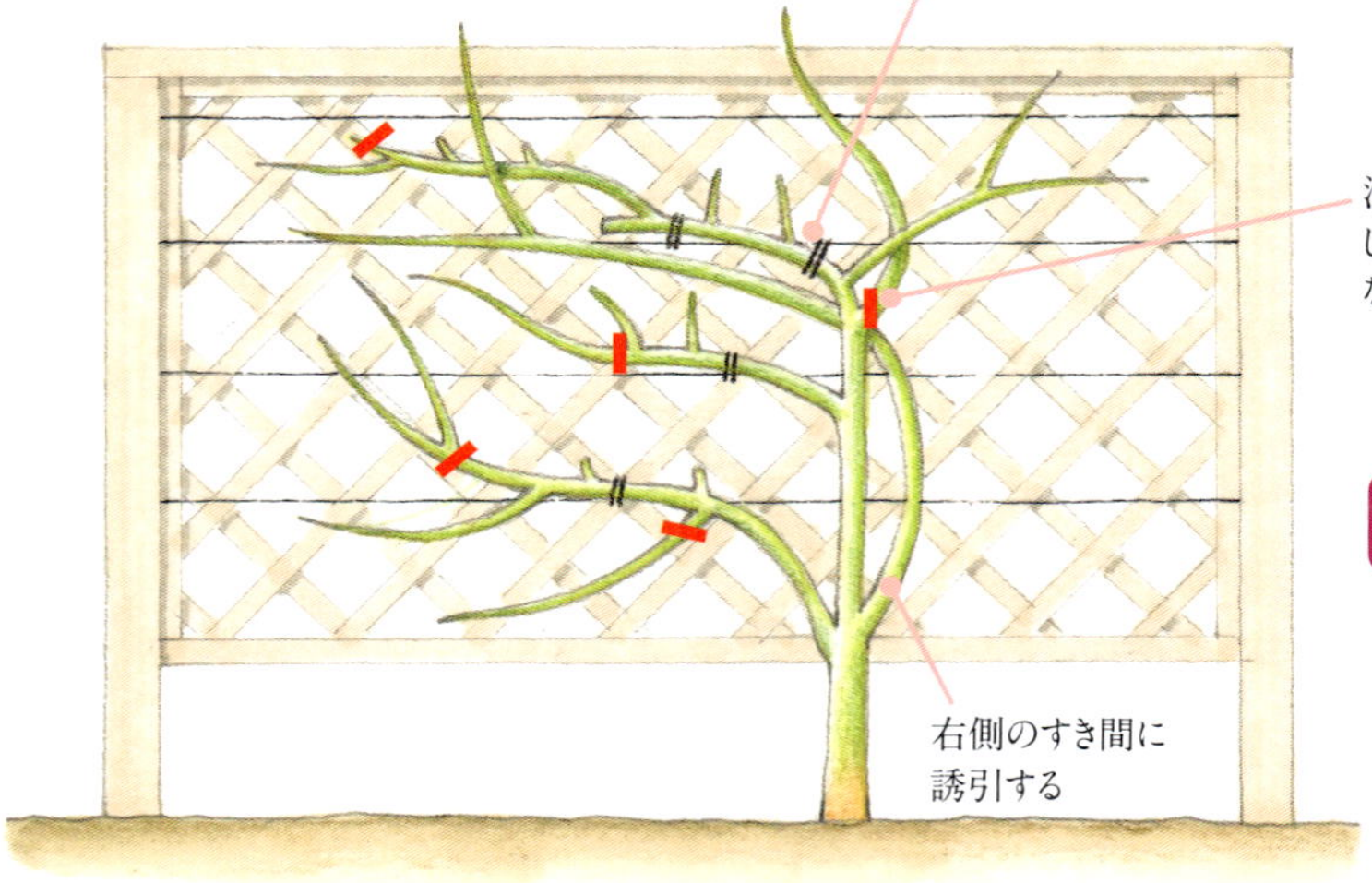
前年につけたひもは先端からはずす
混み合った枝、細く弱々しい枝や枯れた枝、不要な枝を切り取る

1 剪定前に、枝の混み具合や長さなどを確認し、どのような形に仕立てるかを検討する。枝をとめているひもを、先端から順番にすべてはずす。葉が残っていたらすべて切り取る。

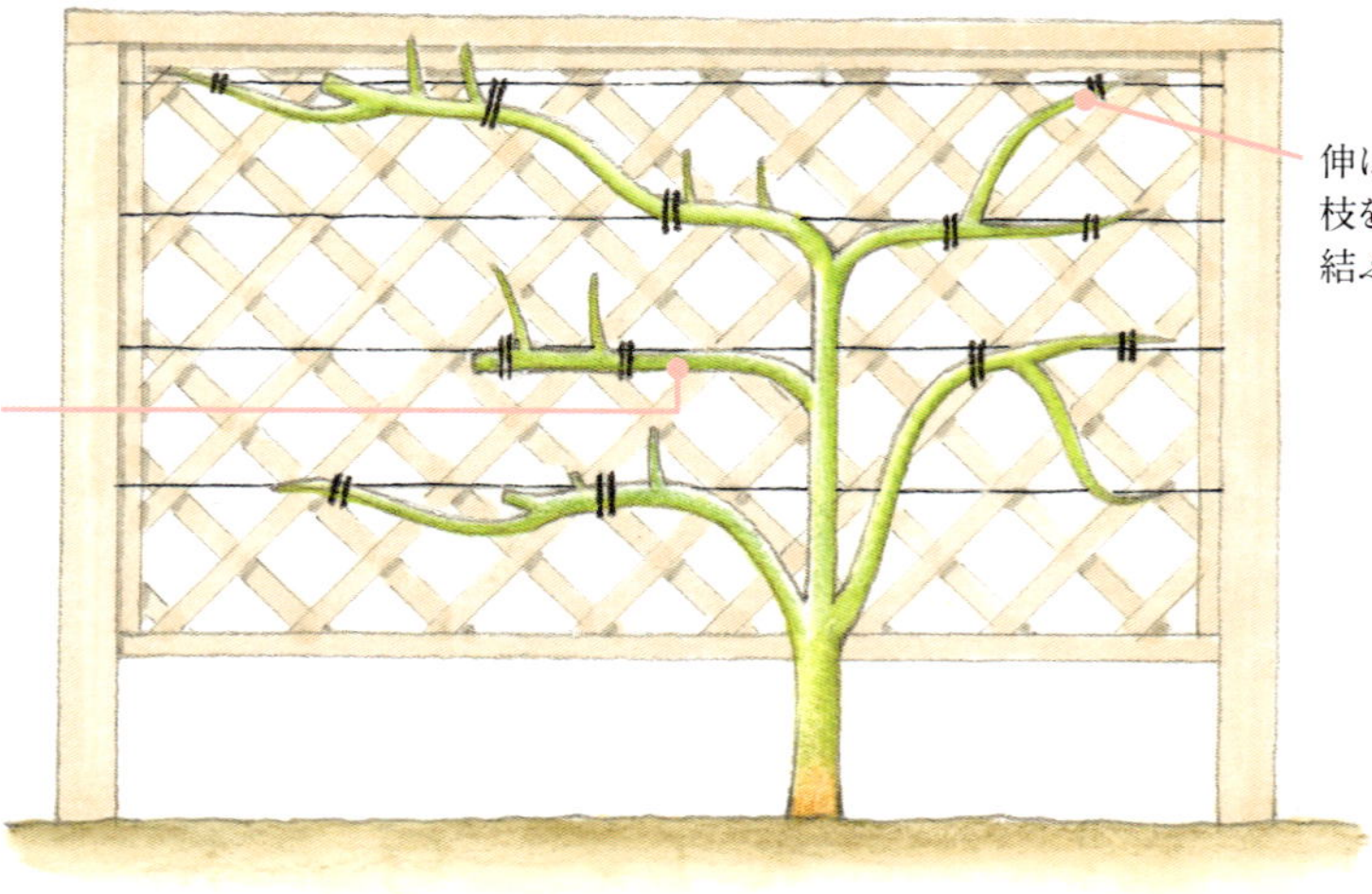
伸ばしたい方向に枝を誘引し、ひもで結ぶ
つるバラの場合、水平に伸ばすと花つきがよくなるものが多い

2 剪定後、枝を新たに誘引する。つるバラは枝を水平にすると花つきがよくなるので、できるだけ枝が水平になるように誘引する。

Part 4

小さな庭に合う植物図鑑

植物は庭に欠かせないものです。ここでは、小さな庭に合う植物の特徴と栽培方法を紹介します。植物を選ぶ際に役立ててください。

宿根草・多年草

「宿根草」は、地上部の一部が冬に枯れ、根など地下部分は休眠状態で冬を越して、翌春にふたたび根茎から芽を出して育ち、開花・結実することを繰り返す草花です。ただし球根植物はふつうのぞきます。一部のものは枯れずに越冬するものもあり、それらを総称して「多年草」といいます。

生育のサイクルを1年で完結させる一年草と異なり、長年にわたって生育し続けることができます。

日本に自生する山野草の多くは宿根草です。宿根草は、自然を生かした庭づくりには、なくてはならない存在です。

植物は「立ち上がる」「茂って広がる」「低くはうように広がる」に分けて並んでいます。

アストランティア 立上

セリ科アストランティア属

DATA

草丈 ▶ 30～80cm　**花期** ▶ 5～7月
花色 ▶ ピンク、赤、白　**日照** ▶ 半日陰

特徴 花びらのように見えるのは苞（ほう）で、その上に筒状の小花が半球状に集まり群れて咲きます。落ち着いたやさしい雰囲気の草姿です。10種ほどの原種が知られていますが、多くはAstrantia major（マヨール）やその園芸品種です。

栽培 半日陰で保水性のある土を好みます。暑さに弱く寒冷地向きの草花です。地温が上がると根が弱るため、温暖な地域では株元を厚くマルチングします。

エキナセア 立上

キク科エキナセア属（ムラサキバレンギク属）

DATA

草丈 ▶ 60～80cm　**花期** ▶ 6～9月
花色 ▶ ピンク、赤、オレンジ、黄、白、緑
日照 ▶ 日なた

特徴 別名ムラサキバレンギク。中央に花が集まって盛り上がり、花は咲き進むほど周囲の花びらが下向きになります。花期が長く、夏の庭に欠かせない花です。

栽培 日当たりのよい、有機質に富んだ肥えた土を好みます。植えつけ前にはたっぷりと有機質肥料を施すようにします。暑さには強いのですが多湿を嫌うため、水はけの悪い場所ではよく育ちません。

サクラソウ（ニホンサクラソウ） 立上

サクラソウ科サクラソウ属（プリムラ属）

DATA

草丈 ▶ 15～40cm　**花期** ▶ 4～5月
花色 ▶ ピンク、薄紫、白　**日照** ▶ 日なた～半日陰

特徴 伝統園芸植物のひとつで、江戸時代にすでに多くの品種がつくり出されていました。花色は多くありませんが、花の形には多種あり、最近では八重咲きのものもあります。

栽培 日照を好みますが、暑さと乾燥に弱いため、開花までは日なたで花が終わったあとは半日陰で管理するとよいでしょう。庭植えの場合は夏でもやや湿り気がある落葉樹の下などが栽培に適します。

シラン 立上

ラン科シラン属

DATA

草丈 ▶ 30～40cm　**花期** ▶ 5～6月
花色 ▶ 赤紫、白　**日照** ▶ 日なた～半日陰

特徴 育てやすいランの仲間です。関東地方以西の本州、四国、九州の里山などに自生するとされますが、古くから栽培され、タネを飛ばしてよく増えるため、野生のものかどうか不明だとされます。

栽培 日なたから半日陰の、水はけのよい場所を好みます。とても強健で生育が旺盛で、放任でもよく育ちます。

ジギタリス 立上

オオバコ科ジギタリス属（キツネノテブクロ属）

DATA

草丈 ▶ 60～100cm　**花期** ▶ 5～7月
花色 ▶ 白、ピンク、オレンジ、黄、紫、茶、複色
日照 ▶ 日なた

特徴 たくさんのベル形の花を穂状につけて大きく育ちます。その優雅な草姿、花姿は洋風の庭に似合います。全草に猛毒がある有毒植物ですが薬草としても知られ、その成分はかつて強心剤などとして利用されていました。

栽培 日のよく当たる水はけのよい場所を好みます。丈夫で乾燥に強いのですが高温多湿に弱いため、南関東以西では年をまたいで夏に枯れてしまいます。

スイセン 立上

ヒガンバナ科スイセン属（ナルキッスス属）

DATA

草丈 ▶ 15～40cm　**花期** ▶ 12～4月
花色 ▶ 黄、白、オレンジ、複色　**日照** ▶ 日なた

特徴 数多くの品種があり、原種および、花形、花色、草姿などから12系統に分類されています。ラッパ状の花が特徴的ですが、その形はさまざまです。秋から初夏にかけて生育し、夏に休眠します。

栽培 日のよく当たる、砂質土壌など水はけのよい場所を好みます。庭植えでは基本的に水やりの必要はありませんが、冬にも生育しているので、冬期、土が乾燥したらたっぷりと水やりをします。

シュウメイギク 立上

キンポウゲ科アネモネ属（イチリンソウ属）

DATA

草丈 ▶ 40～100cm　**花期** ▶ 9～11月
花色 ▶ 白、ピンク　**日照** ▶ 日なた～半日陰

特徴 古く中国から伝えられたといわれ、京都の貴船地方に「キブネギク」として野生化したものがあり、これがもともとのシュウメイギクです。現在流通するものは類似したいくつかの種や交雑種を総称してシュウメイギクと呼ばれます。

栽培 日なたから半日陰までどこでも栽培可能です。耐寒性も耐暑性もありますが、夏はやや冷涼な気候のほうがよく育ちます。

ナルコユリ 立上

ユリ科アマドコロ属

DATA

草丈 ▶ 20〜50cm　**花期** ▶ 5月
花色 ▶ 白　**日照** ▶ 半日陰

特徴 本州から九州、四国の平地から山地に自生する多年草です。初夏、上部が弓なりに曲がった茎の節に、白い花を1〜3輪ほどつけます。葉の観賞期間は4〜10月。根は薬用に利用されます。

栽培 午前中だけ日の当たる半日陰の場所で生育します。湿り気の多い土を好むため、土が乾燥しはじめたらたっぷりと水やりをします。

ダリア 立上

キク科ダリア属（テンジクボタン属）

DATA

草丈 ▶ 20〜150cm　**花期** ▶ 5〜11月　**花色** ▶ ピンク、赤、オレンジ、黄、白、紫　**日照** ▶ 日なた

特徴 品種がとても多く、花の大きさも小輪から大輪まで、咲き方も一重咲きや変化咲きなどバラエティ豊富。花形でデコラ咲き、カクタス咲きなど十数種に分類されます。地中に肥大して球根となった根があり、春植え球根植物として扱われますが、タネから育てられる品種も数多くあります。

栽培 日当たりと水はけのよい場所で育てます。高温多湿を嫌い、冷涼な地域以外では夏に株が弱り、花が咲きにくくなります。その場合夏に切り戻すと下部からわき芽が出て秋に花を咲かせます。

ペンステモン 立上

オオバコ科ペンステモン属

DATA

草丈 ▶ 30〜80cm　**花期** ▶ 5〜9月
花色 ▶ 桃色、赤色、紫色、白色　**日照** ▶ 日なた

特徴 交雑品種がとても多く、花色が豊富です。初夏から秋に長い花茎を伸ばし先が開いた袋状の花をたくさん咲かせます。花や草姿がジギタリスに似ています。

栽培 本来多年草ですが、夏の暑さに弱く、暖地では一年草として扱うこともあります。日のよく当たる水はけのよい場所を好みますが、西日を嫌います。花がらはこまめに摘み取り、花後に切り戻すと二番花をつけます。

チューリップ 立上

ユリ科チューリップ属

DATA

草丈 ▶ 10〜50cm　**花期** ▶ 3〜5月
葉色 ▶ 赤色、桃色、黄色、橙色、紫色、白色など
日照 ▶ 日なた〜半日陰

特徴 秋植えの球根植物で、原種系と園芸品種系があります。花色や花の形は多様で、花壇の主役としてだけでなく、鉢植えや水栽培、切り花など幅広く利用できます。

栽培 日なたから半日陰で育ち、水はけのよい土を好みます。紅葉がはじまる頃球根を植えつけ、乾燥させないように冬も水やりをします。開花後、花びらが散ったら花の部分を折り取ります。

アップルミント 茂広

シソ科ハッカ属

DATA

草丈 ▶ 30〜80cm　**花期** ▶ 7〜9月
花色 ▶ 淡ピンク　**日照** ▶ 日なた〜半日陰

特徴 清涼感のあるミントの香りに、青リンゴの香りがほのかに香ります。葉は丸みを帯び、明るい緑色。葉にはやわらかな毛が生えます。耐寒性が強く、戸外で冬越し、地上部は枯れても春には新芽が出ます。

栽培 日がよく当たる、水はけと水持ちのよい場所を好みます。半日陰でも育ちます。繁殖力が旺盛でどんどん広がるので、ほかの植物と一緒に栽培する場合は鉢植えにして庭に埋めたり、板やブロックなどで仕切りをつくったりするとよいでしょう。

ホタルブクロ 立上

キキョウ科ホタルブクロ属

DATA

草丈 ▶ 20〜80cm　**花期** ▶ 5〜7月
花色 ▶ 紫、ピンク、白　**日照** ▶ 日なた〜半日陰

特徴 日本各地の平地から山地の日当たりのよい草原や林縁などに多く見られる多年草です。花は大輪のベル形で、花びらのような葉から立ち上げた茎の先につきます。

栽培 日なたを好みますが、高温乾燥を嫌うので、夏には半日陰になるような落葉広葉樹の下などに植えるとよいでしょう。水やりは、庭植えの場合、よほど乾燥したとき以外は必要ありません。

カラミンサ（カラミンサ・ネペタ） 茂広

シソ科カラミンサ属

DATA

草丈 ▶ 30〜40cm　**花期** ▶ 6〜11月
花色 ▶ 白色〜薄紫色　**日照** ▶ 日なた〜半日陰

特徴 いくつかの種類がありますが、もっとも一般的なのがネペタです。花は白色、または薄紫色で小さいのですが、花期が長く、初夏から秋まで庭を彩ってくれます。

栽培 日なたあるいは半日陰の場所で、水はけのよい土を好みます。丈夫でよく枝分かれして茂りますが、高温多湿では株が蒸れて弱るので、混み合った場所は枝を間引きます。

アシズリノギク 茂広

キク科キク属

DATA

草丈 ▶ 20〜40cm　**花期** ▶ 10〜12月
花色 ▶ 白　**日照** ▶ 日なた

特徴 ノジギクの変種で、高知県の足摺岬（あしずりみさき）から愛媛県の佐多岬（さたみさき）までの海岸に分布しています。葉は小さく、葉裏の白毛が葉表からわずかにのぞき、白い縁取りのように見えます。

栽培 日のよく当たる、風通しのよい場所を好みます。植えつけ時には元肥をたっぷりとすき込むようにします。5〜6月に摘芯をすることで、コンパクトに仕立てることができます。

ケマンソウ（タイツリソウ）茂広

ケシ科ケマンソウ亜科ケマンソウ属

DATA

草丈 ▶ 40〜60cm　**花期** ▶ 4〜5月
花色 ▶ 濃ピンク、白　**日照** ▶ 半日陰

特徴 中国東北部から朝鮮半島が原産の多年草です。茎先や上部の枝から長い花茎を出して、ハート形のかわいい花を並べるようにつり下げます。夏以降は地上部が枯れて休眠し、春に新芽を出します。

栽培 耐寒性があり、育てやすい草花ですが、暑さと乾燥には弱いので、落葉樹の下など、風通しのよい明るい日陰、あるいは半日陰で育てるとよいでしょう。

カレックス 茂広

カヤツリグサ科スゲ属（カレックス属）

DATA

草丈 ▶ 20〜120cm　**花期** ▶ ―
葉色 ▶ 緑、黄緑、銅など　**日照** ▶ 日なた〜半日陰

特徴 日本を含め全世界に広く分布するカヤツリグサの仲間で、多くの種類があります。葉色や風になびく細い葉の美しさから、カラーリーフプランツとして人気の高い多年草です。葉は緑葉だけでなく、黄緑色の葉や銅葉、斑入り葉などバリエーション豊富です。

栽培 日なたでも半日陰でもよく育ちますが、白い斑が入る品種は強い日射しに弱いので、半日陰が適しています。黄緑色の葉や銅葉の品種は日光が不足すると葉色が悪くなるので日なたで育てます。

シマアシ 茂広

イネ科クサヨシ属

DATA

草丈 ▶ 50〜60cm　**花期** ▶ 5〜6月
葉色 ▶ 白縞のある青緑色　**日照** ▶ 日なた

特徴 各地の水辺や日当たりのよい湿地などに自生するクサヨシの斑入り種といわれます。白縞の入る美しい青緑の葉は涼しげな印象をつくり出してくれます。根茎が地中を横にはい、先端に新苗を出します。別名フイリクサヨシ、フイリトワダアシ。

栽培 日当たりのよい湿った場所を好みます。もともと水辺を好む植物なので、水辺や水鉢に植えるとよいでしょう。地植えの場合は乾燥には注意します。

ギボウシ（ホスタ）茂広

ユリ科ギボウシ属（ホスタ属）

DATA

草丈 ▶ 20〜70cm　**花期** ▶ 6〜7月
葉色 ▶ 緑、黄、斑入りなど　**日照** ▶ 半日陰

特徴 多くの仲間があり、日本にはオオバギボウシなど20種ほどが野生しています。花は薄紫色、白色。葉の大きさや葉色が豊富で、リーフプランツとして広く利用されます。

栽培 真夏の直射日光が当たると葉焼けを起こすので、西日を避けた明るい半日陰の場所が植えつけに最適です。やや湿った場所を好みますが過湿も嫌うため、水のやりすぎに注意しましょう。

チョウジソウ 茂広

キョウチクトウ科チョウジソウ属

DATA

草丈 ▶ 40〜60cm　**花期** ▶ 5〜6月
花色 ▶ 薄紫色　**日照** ▶ 半日陰

特徴 葉は細長く、春に茎を伸ばして茎の先に薄紫色で星形をした清楚な花を数多くつけます。日本にも自生する多年草ですが、園芸用としては北米原産の品種が出回ることが多いようです。

栽培 半日陰でやや湿り気の多い場所を好みます。日が当たる場所では乾燥しすぎないように注意します。植えつけの際には保水力を高めるために腐葉土などを多く混ぜます。

スイートロケット 茂広

アブラナ科ハナダイコン属

DATA

草丈 ▶ 50〜90cm　**花期** ▶ 4〜6月
花色 ▶ 藤、薄ピンク、白　**日照** ▶ 日なた

特徴 ダイコンのような葉で、花姿はムラサキハナナに似ていますが、花つきがよいのが特徴です。別名ハナダイコン、ヘスペリス。

栽培 日のよく当たる水はけのよい場所を好みますが、夏には半日陰で少しでも涼しくなる場所を選ぶようにします。高温多湿に弱く、冷涼な地域以外では、宿根は難しいこともあります。初夏にタネをまいて涼しい場所で育苗して秋に定植すると、翌年晩春から初夏に花を咲かせます。

ツワブキ 茂広

キク科ツワブキ属

DATA

草丈 ▶ 30〜40cm　**花期** ▶ 10〜11月
花色 ▶ 黄　**葉色** ▶ 緑、斑入り　**日照** ▶ 日なた〜半日陰

特徴 日本の暖地の海沿いの崖や草原、林縁などに分布する多年草です。葉は厚く、つやがあり、フキに似た丸い形をしています。秋に咲く花だけでなく、斑入りなど変化に富んだ葉も魅力です。

栽培 明るい日陰、あるいは日なたで育てます。ただし斑入り葉のものは直射日光に弱いため、明るい日陰か半日陰に植えつけます。極端に日光に当たらない場所では間延びしたり葉色が悪くなったりするので注意します。

ソレル（赤筋ソレル） 茂広

タデ科ギシギシ属

DATA

草丈 ▶ 30〜40cm　**花期** ▶ 6〜7月
葉色 ▶ 緑葉に赤い葉脈　**日照** ▶ 日なた

特徴 ハーブとして利用されるソレル（スイバ）の仲間で、観賞用として栽培されます。緑色の葉に赤い葉脈が目立ちます。日本に自生する野草のギシギシも近い仲間です。

栽培 日のよく当たる肥沃で水はけのよい場所で育ちます。暑さや寒さに強く、育てやすい多年草です。水切れしやすいので、乾燥には注意します。

ブルネラ（ブルネラ・マクロフォリア） 茂広

ムラサキ科ブルンネラ属（ブルネラ属）

DATA

草丈 ▶ **20〜40cm**　**花期** ▶ **3〜5月**
花色 ▶ **青色、白色**　**日照** ▶ **半日陰**

特徴 葉はハート形で斑入りやシルバーリーフなどあり、葉脈が美しいカラーリーフです。花はワスレナグサに似ていて、株を覆うように可憐に咲きます。

栽培 冷涼な場所を好み、高温乾燥を嫌います。半日陰を好み、春には日が当たり、夏には日陰になるような落葉樹の下が適しています。株元が加湿にならないように水はけのよい場所に植えますが、乾燥には弱いため水やりは欠かせません。

ドワーフ・コンフリー 茂広

ムラサキ科ヒレハリソウ属

DATA

草丈 ▶ **30〜50cm**　**花期** ▶ **4〜6月**
花色 ▶ **白〜青、白〜黄**　**日照** ▶ **日なた〜半日陰**

特徴 コンフリーによく似て、コンフリーよりも小型で草丈も小さな耐寒性多年草です。花は筒のような形で白色、基部が青色をしています。つぼみは濃いピンク色です。花色が黄色を帯びた白色の品種もあります。

栽培 日なたから半日陰の、やや湿った場所を好みます。腐植質に富んだ土壌でよく育ちます。生育が旺盛で、株が混み合ってきたら風通しを図るために株分けをしましょう。

ペレニアル・フラックス（宿根アマ） 茂広

アマ科アマ属

DATA

草丈 ▶ **30〜60cm**　**花期** ▶ **4〜5月**
花色 ▶ **青紫、白**　**日照** ▶ **日なた〜半日陰**

特徴 多年性のフラックスで、花は3〜4cmで一年生のフラックスよりやや大きめです。株が基部から枝分かれして、細長い葉とともに繊細な印象ですが、とても丈夫で荒れ地でも育ちます。

栽培 水はけのよい場所なら放任でもよく育ちます。夏の暑さにやや弱いため、夏には半日陰になるような落葉樹の下で育てるとよいでしょう。

フタマタイチゲ（アネモネ・カナデンシス） 茂広

キンポウゲ科イチリンソウ属

DATA

草丈 ▶ **40〜60cm**　**花期** ▶ **6〜7月**
花色 ▶ **白**　**日照** ▶ **日なた〜半日陰**

特徴 北海道の湿り気の多い原野などに群生します。現在、庭によく植えられているのは、丈夫なアネモネ・カナデンシスで、これをフタマタイチゲと呼んでいます。花びらのように見える部分は萼片（がくへん）で、花びらはありません。

栽培 日なたから半日陰の場所で、湿り気の多い場所を好みます。乾燥に弱いため、植えつけ場所には腐葉土などをたっぷりと施し、水持ちのよい土にします。耐寒性があり、環境さえ合えば放任でもよく育ちます。

リクニス・コロナリア 茂広

ナデシコ科センノウ属

DATA

草丈 ▶ 60〜100cm　**花期** ▶ 5〜7月
花色 ▶ 桃色、赤色、白色、複色　**日照** ▶ 日なた

特徴 草丈は高くすらりと伸び、枝分かれしながら次々と花を咲かせます。葉は厚みがあり白い毛に覆われていて、フランネル草とも呼ばれます。和名はスイセンノウ（酔仙翁）。

栽培 日当たりと水はけのよい場所を好みます。性質は強く、乾燥したやせ地でもよく育ちますが、高温多湿になると株が弱ります。タネをよくつけ、容易にタネから増やすことができます。

メドーセージ 茂広

シソ科サルビア属

DATA

草丈 ▶ 50〜100cm　**花期** ▶ 6〜11月
花色 ▶ 濃青　**日照** ▶ 日なた〜半日陰

特徴 本来は常緑の多年草で冬の寒さで地上部が枯れますが、春に新しい芽を出します。唇形の花は濃青色で萼（がく）が黒く、とても個性的な草花です。茎はさわると粘つきます。

栽培 日のよく当たる水はけのよい場所を好みますが、半日陰でも花をつけます。丈夫でよく育ち、地下茎で増えていくので、増えすぎた株は間引きます。花がらはこまめに摘み取ります。

ワイルドオーツ 茂広

イネ科チャスマンティウム属

DATA

草丈 ▶ 40〜100cm　**花期** ▶ 7〜8月
花色 ▶ 緑色（秋〜冬には茶色）　**日照** ▶ 日なた

特徴 夏にコバンソウに似た緑色の穂を垂れ下げ、秋に茶色くなり、冬、葉が落ちた後も穂が残ります。茎はまっすぐに伸び、しっかりと乱れにくい草姿で、大きく育つと放射状に広がります。

栽培 日なたを好み、暑さや寒さ、乾燥、多湿に耐える丈夫なグラスです。成長しすぎて草姿が乱れたときは、株元まで切り戻すと、再び芽吹いて形が整います。冬には株元をわずかに残して切り詰めておきます。

ラムズイヤー 茂広

シソ科イヌゴマ属

DATA

草丈 ▶ 20〜40cm　**花期** ▶ 5〜6月
花色 ▶ 薄紫、ピンク　**日照** ▶ 日なた

特徴 葉は銀白色の毛に覆われ、やわらかで心地よい手触り。その葉姿を一年中楽しめ、グラウンドカバーとしても利用できます。花は茎が長く伸びた先端につけ、薄紫やピンクの小さな花を咲かせます。

栽培 日当たりを好みます。耐寒性は強いのですが、夏の高温多湿は苦手で株元が蒸れて傷むことがあります。混み合ってきたら株分けなどをして風通しを図るようにしましょう。

イカリソウ 低広

メギ科イカリソウ属

DATA

草丈 ▶ 20〜40cm　**花期** ▶ 3〜5月
花色 ▶ ピンク、紫、白、黄　**日照** ▶ 半日陰

特徴 山地の林下に自生する多年草です。4枚の花びらが長く突き出した独特な形の花と、ブロンズ色に紅葉する葉の美しさも魅力的です。冬には地上部が枯れますが、春になると新芽を出し、花を咲かせます。

栽培 半日陰、あるいは明るい日陰を好み、夏の強い日射しに当たると葉が縮んだようになって生育が悪くなるため、樹木の陰などで育てるようにします。

アジュガ 低広

シソ科キランソウ属（アジュガ属）

DATA

草丈 ▶ 10〜20cm　**花期** ▶ 4〜5月
花色 ▶ ピンク、青紫　**日照** ▶ 半日陰

特徴 日本に自生するキランソウやジュウニヒトエもアジュガの仲間で、園芸品種の多くはセイヨウキランソウからつくられたものです。常緑で、斑入り葉や銅葉などがあり、一年中観賞できます。

栽培 強い日射しを嫌うため、半日陰の場所が適しています。耐陰性が高いため、シェードガーデンにも利用できます。

エリゲロン・カルビンスキアヌス 低広

キク科エリゲロン属

DATA

草丈 ▶ 10〜40cm　**花期** ▶ 5〜11月
花色 ▶ 白、ピンク　**日照** ▶ 日なた

特徴 アメリカのロッキー山脈からメキシコにかけて分布するキク科の多年草です。株一面に小菊のような花が咲きます。花ははじめ白く、徐々にピンクに色づき、2種類の花が咲いているように見えます。

栽培 日なたを好み、日照が少ないと花つきが悪くなります。寒さには強いため、防寒の必要はありません。こぼれダネで旺盛に株を広げるので、刈り込みや間引きで生育を調整しましょう。

アルケミラ・モリス（レディスマントル） 低広

バラ科アルケミラ属（ハゴロモグサ属）

DATA

草丈 ▶ 30〜40cm　**花期** ▶ 5〜6月
花色 ▶ 黄緑　**日照** ▶ 日なた〜半日陰

特徴 黄緑色の小さな花がふんわりと集まって咲き、繊細でやさしい印象の花姿をしています。大きく広がった葉は灰緑色で、花とともに庭に明るい雰囲気をつくり出します。

栽培 日なたから半日陰で、やや保湿性のある土を好みます。高温多湿に弱いので、南関東以西の暖かな地域では、風通しのよい半日陰の場所で育てるとよいでしょう。冷涼地ではあまり場所を選ばず栽培できます。

チゴユリ 低広

イヌサフラン科チゴユリ属

DATA
草丈 ▶ 15〜30cm　花期 ▶ 5月
花色 ▶ 白　日照 ▶ 半日陰

特徴 日本各地の平地から山地の落葉広葉樹林に自生する多年草です。上部が弓なりに曲がった茎の先に1cmほどの白い花を1〜3輪ほどつけます。葉の鑑賞期間は4〜10月で、斑入りの園芸品種も数多くあります。

栽培 午前中だけ日の当たる半日陰の場所で生育します。湿り気の多い土を好むため、土が乾燥しはじめたらたっぷりと水やりをします。

キャットミント 低広

シソ科イヌハッカ属（ネペタ属）

DATA
草丈 ▶ 30〜50cm　花期 ▶ 5〜10月
花色 ▶ ピンク、青紫、白　日照 ▶ 日なた

特徴 名にミントとつきますが、ハーブとしてではなく観賞用に育てられ、園芸品種も数多くあります。こんもりと茂り花期も長いのでガーデニングではよく使われます。

栽培 日のよく当たる風通しと水はけのよい場所を好みます。耐寒性があり、寒い地域ほど花が長く咲きますが、高温多湿に弱いので、蒸れを防ぐため梅雨前に茎を間引きます。

ハナニラ 低広

ネギ科ハナニラ属（イフェイオン属）

DATA
草丈 ▶ 15cm　花期 ▶ 3〜5月
花色 ▶ 白、淡青、紫（ピンク、黄）
日照 ▶ 日なた〜半日陰

特徴 春に白色で星形の花をよく咲かせます。茎や球根を傷つけると、ニラやネギのような臭いがします。園芸品種のロルフ・フィドラー、別種ですが近縁のキバナハナニラなどがあります。

栽培 日当たりのよい場所を好みます。半日陰でも育ちますが、日照不足だと花つきが悪くなり、年々株が小さくなり絶えてしまうこともあります。多少の乾燥には耐えますが、掘り上げて乾燥させると球根が弱ります。

クリスマスローズ 低広

キンポウゲ科ヘレボルス属（クリスマスローズ属）

DATA
草丈 ▶ 30〜60cm　花期 ▶ 2〜4月
花色 ▶ 紫、ピンク、赤、白　日照 ▶ 半日陰

特徴 無茎種の原種を交雑させてつくり出された園芸種で、さまざまな花形、花色の品種がつくられています。多くは常緑ですが落葉するものもあります。ほかの草花に先駆けて開花し、早春の庭を彩ります。

栽培 半日陰で保水性の高い土を好みます。耐寒性があり丈夫で育てやすく、庭植えにも鉢植えにも向きます。生育のはじまる10月に追肥し、11〜12月に古い葉を取り去ります。

フウロソウ 低広

フウロソウ科フウロソウ属（ゲラニウム属）

DATA

草文 ▶ 10～50cm　花期 ▶ 5～9月（品種による）
花色 ▶ 白、赤、青、ピンク、黒紫
日照 ▶ 日なた～半日陰

特徴 ゲンノショウコやハクサンフウロなど日本に自生するフウロソウ属の草花の総称です。出回っているものの多くは、洋種から交配によって作出されたもので、数多くの品種があります。

栽培 やや乾いた場所を好みます。寒さにとても強く、ほとんどの品種が庭植えにできます。高山性の品種は日のよく当たる場所、そうでないものは落葉樹の下などの明るい日陰あるいは半日陰の場所で育てます。

ヒューケラ 低広

ユキノシタ科ヒューケラ属（ツボサンゴ属）

DATA

草文 ▶ 20～30cm　花期 ▶ 5～6月
葉色 ▶ 銅、銀、黄、緑、斑入り
日照 ▶ 半日陰

特徴 葉色が豊富で、カラーリーフプランツとして人気の高い多年草です。葉だけでなく花の美しい園芸品種もあり、葉とともに庭を彩ります。葉色の違うヒューケラを組み合わせても魅力的です。

栽培 寒さに強く、暑さにも耐えますが、品種によっては夏の直射日光で葉焼けを起こすので、落葉樹の下など夏には半日陰になるような場所が適しています。

プルモナリア 低広

ムラサキ科プルモナリア属

DATA

草文 ▶ 30cm　花期 ▶ 4～6月
花色 ▶ 青、ピンク、白、紫　日照 ▶ 日なた～半日陰

特徴 寒さに強く、春早いうちから花が咲きはじめ、成長しながら花数を増やします。14ほどの原種があり、数多くの園芸品種が育成されていて、緑葉だけでなく斑入り葉や、銀白色の葉のものもあり、花だけでなく葉も楽しめます。

栽培 耐寒性は強いのですが高温や乾燥には弱く、落葉樹の下など春はよく日が当たり、初夏からは半日陰になるような場所が適しています。水はけのよい場所で、乾燥させないように育てるのがポイントです。乾燥させると株が弱り、葉が枯れやすくなります。

フウチソウ 低広

イネ科ウラハグサ属

DATA

草文 ▶ 20～40cm　花期 ▶ 8～10月
葉色 ▶ 緑、緑白　日照 ▶ 日なた～半日陰

特徴 日本特産の多年草で、太平洋側の地域に分布します。かすかな風に揺れる葉姿に趣があります。葉裏が緑色で表が白色を帯び、表裏が逆転しているように見えるため、ウラハグサの別名があります。

栽培 明るい日陰で、水はけのよい場所に植えつけます。乾燥には強いですが、土が乾いたら水やりをします。日なたでも育ちますが、斑入りの園芸品種は日光で葉焼けをしやすいので、落葉樹の下など夏の間は半日陰になる場所がよいでしょう。

ラミウム 低広

シソ科オドリコソウ属(ラミウム属)

DATA

草丈 ▶ 20〜40cm　**花期** ▶ 5〜6月
花色 ▶ 白、ピンク、黄色(緑、紫)　**日照** ▶ 半日陰

特徴 ヨーロッパ、北アフリカ、アジアの温帯地域を原産とする多年草です。多くの仲間がありますが、もっとも多く利用されるのがラミウム・マクラツムとその園芸品種で、グラウンドカバーのよい素材です。

栽培 半日陰で水持ちと水はけのよい場所を好みます。温暖地では気温の高い時期の乾燥や蒸れで株が弱るので注意します。蒸れを防ぐためには花後に花茎を切り、古い茎を切り戻して風通しを図ります。

ペパーミント 低広

シソ科ハッカ属

DATA

草丈 ▶ 60〜90cm　**花期** ▶ 7〜9月
花色 ▶ 淡ピンク　**日照** ▶ 日なた

特徴 代表的なミントの品種。清涼感があるメントールの香りがあり、フレッシュハーブティーとして楽しむほか、ガムやお菓子、料理の香りづけや歯磨き粉などに使われています。

栽培 耐寒性があり、冬でも氷点下にならない地域では地上部分が枯れずに越冬し、寒冷地で地上部が枯れても、地下部分が凍らない限り春になると新しい芽を出し、成長します。

ワイルドストロベリー 低広

バラ科フラガリア属

DATA

草丈 ▶ 15〜30cm　**花期** ▶ 3〜7月、9〜10月
花色 ▶ 白　**日照** ▶ 日なた〜半日陰

特徴 ヨーロッパから北アジアに分布しているエゾヘビイチゴのことをいい、日本にも北海道に野生化しています。根茎からランナーを伸ばしてはうように広がり、子株をつけて増えます。赤い実のほかに白い実をつけるものもあります。

栽培 日のよく当たる風通しのよい場所を好みます。半日陰でも育ちますが、日なたで育てたほうが花つき、実つきがよくなります。耐寒性があるので冬も防寒の必要はありません。

ムスカリ 低広

ヒヤシンス科ムスカリ属

DATA

草丈 ▶ 10〜30cm　**花期** ▶ 4〜5月
花色 ▶ 青紫、青、白　**日照** ▶ 日なた

特徴 秋植えの球根植物で、鮮やかな青紫色の花が穂状に密集して咲き、春の庭を彩ります。群生させると青いカーペットを敷いたようになり、グラウンドカバーとしても利用しやすい草花です。

栽培 日のよく当たる水はけのよい場所でよく育ちます。耐寒性もあり、暑さにも強く、丈夫で、植えつけ後はほとんど手がかかりません。肥料はほとんど必要ありませんが、球根を育てるため花後に追肥すると芽数が増えます。

一年草

種子が発芽してから茎を伸ばして葉を広げ、花を咲かせて結実して枯れるまでを、1年のうちに完結するのが「一年草」です。

一年草にはカラフルな花を咲かせるものが多く、花がらを摘めば次々と長い間花を咲かせてくれるものがたくさんあります。花がらを摘まずに残せば、こぼれダネで翌年も同じように花を咲かせてくれます。

生活史が1年で完結するため、次の年にはまた違った草花を植えることも可能で、年ごとに違った顔を持つ庭を楽しむこともできます。

植物は「立ち上がる」「茂って広がる」「低くはうように広がる」に分けて並んでいます。

アグロステンマ 立上

ナデシコ科ムギセンノウ属

DATA

草丈 ▶ 60～90cm　**花期** ▶ 5～6月
花色 ▶ ピンク、白　**日照** ▶ 日なた

特徴 細い茎の先に、花茎5～7cmの大きめの花をつけます。花は中央が白いボカシとなり、細いストライプが入ります。花は白色もあります。繊細な印象の草花です。

栽培 肥沃な土地では大きく育ちすぎて草姿が乱れるため、肥料は控えめにします。日当たりのよい場所を好み、日照が不足すると徒長して倒れやすくなります。

オオムギ 立上

イネ科オオムギ属

DATA

草丈 ▶ 60～100cm　**花期** ▶ 5～7月実（穂）
花色 ▶ 緑～茶色（実）　**日照** ▶ 日なた

特徴 日本には弥生時代に中国を経て伝来し、奈良時代には穀物として広く栽培されていたといいます。穂は小さめですが、長く伸びた芒（のぎ）が観賞価値を高めています。斑入り品種もあります。

栽培 とても丈夫で栽培は容易で、日当たりと風通しがよく、水はけのよい場所で育てれば、放任してもよく育ちます。

デルフィニウム 立上

キンポウゲ科デルフィニウム属（オオヒエンソウ属）

DATA

草丈 ▶ 80～150cm　**花期** ▶ 4～6月
花色 ▶ ピンク、赤、紫、青、黄、白　**日照** ▶ 日なた

特徴 もともと標高が高く冷涼な草原湿地に自生する植物で、ヨーロッパや中央アジアなどの原産地では宿根草ですが、高温多湿な日本の夏に枯れることが多く、園芸的には一年草として扱います。

栽培 日のよく当たる風通しのよい、水はけのよい場所で育てます。うどんこ病や立ち枯れ病が発生しやすいので、以前に病気が発生した場所は植えつけに適しません。

立上＝立ち上がるタイプ。　茂広＝茂って広がるタイプ。　低広＝低くはうように広がるタイプ。

アゲラタム 茂広

キク科アゲラタム属（カッコウアザミ属）

DATA

草丈 ▶ 20〜100cm　**花期** ▶ 5〜11月
花色 ▶ ピンク、青、紫、白　**日照** ▶ 日なた

特徴 中南米原産で、原産地では多年草ですが、日本の冬では枯れることが多く、一年草として扱います。矮性種（わいせいしゅ）と高性種（こうせいしゅ）があり、多くの園芸品種は矮性種です。

栽培 日のよく当たる水はけのよい場所を好みます。高温多湿には弱いので、夏前に草丈を半分ほどに刈り込んで風通しを図ります。花がらをまめに摘んで追肥をすると、次々と花をつけ長期間咲き続けます。

ニゲラ 立上

キンポウゲ科クロタネソウ属

DATA

草丈 ▶ 40〜80cm　**花期** ▶ 5〜6月
花色 ▶ 青、ピンク、白　**日照** ▶ 日なた

特徴 同じ仲間に15種ほどありますが、一般にニゲラとして知られているのはニゲラ・ダマスケナで、クロタネソウとも呼ばれます。花びらは退化していて花弁のように見えるのは萼（がく）です。

栽培 日当たりがよく、やや乾燥した場所を好みます。酸性土壌を嫌うため、植えつけ前に土に石灰を施します。庭植えでは、根が十分に張ればとくに水やりの必要はありません。

オルレア 茂広

セリ科オルレア属

DATA

草丈 ▶ 40〜80cm　**花期** ▶ 4〜6月
花色 ▶ 白　**日照** ▶ 日なた

特徴 ヨーロッパ原産の常緑多年草ですが、日本の夏の暑さで株が弱り枯れることが多いので、園芸的にはふつう秋まき一年草として扱います。細かく切れ込んだ葉に、繊細で清楚な印象の白い花が咲く姿はとても美しく、最近人気の草花です。

栽培 日のよく当たる場所を好みます。夏の暑さには弱いのですが、一年草扱いをすればとくに遮光の必要はありません。花後そのままにすれば、こぼれダネでどんどん増えます。

ヤグルマギク 立上

キク科ヤグルマギク属（ケンタウレア属）

DATA

草丈 ▶ 30〜100cm　**花期** ▶ 4〜6月
花色 ▶ ピンク、青、白、濃紫　**日照** ▶ 日なた

特徴 江戸時代に日本に持ち込まれた、なじみ深い草花で、切り花としてもポピュラーです。日本の山野に自生するヤグルマソウは別の植物です。

栽培 風通しのよい日の当たる場所、水はけのよい土を好みます。丈夫で育てやすい草花です。耐寒性は高いのですが、寒風にはできるだけ当てないようにします。こぼれダネで毎年広がります。

スイートピー 茂広

マメ科レンリソウ属

DATA

草丈 ▶ 30〜200cm（つるの長さ）
花期 ▶ 4〜6月（春咲き品種）
花色 ▶ ピンク、赤、紫、オレンジ、複色
日照 ▶ 日なた

特徴 葉の一部が変化した巻きひげで絡みながら、つるを伸ばして育ちます。巻きひげのない品種もあります。一般的な春咲き品種のほかに、夏咲きや冬咲きの品種もあります。

栽培 日当たりと風通しがよく、水はけのよい場所を好みます。移植を嫌うため直まきにするか、ポットで育苗する場合は小苗のうちに定植します。

カモミール（ジャーマンカモミール） 茂広

キク科シカギク属

DATA

草丈 ▶ 30〜60cm　**花期** ▶ 4〜6月
花色 ▶ 白　**日照** ▶ 日なた

特徴 花後に枯れる耐寒性一年草で、カミツレとも呼ばれます。古くからヨーロッパでは薬草茶として利用されてきました。花にはリンゴの香りがあります。よく似たローマンカモミールは多年草です。

栽培 丈夫で耐寒性があり、一度植えるとこぼれダネでどんどんと増えていきます。高温多湿に弱く、蒸れると葉が枯れ上がるので、混み合ってきたら間引くようにします。

ナスタチウム 茂広

ノウゼンハレン科ノウゼンハレン属（トロパエオロム属）

DATA

草丈 ▶ 30〜50cm　**花期** ▶ 4〜7月、9〜10月
花色 ▶ 赤、オレンジ、黄　**日照** ▶ 日なた〜半日陰

特徴 南米原産のつる植物ですが、園芸植物としてはつるがあまり伸びない矮性（わいせい）のものが多く流通しています。葉、花ともに食用となり、サラダなどに用いられます。

栽培 水はけのよい日のよく当たる場所を好みますが、強い日射しを嫌うため、夏には半日陰になるような落葉樹の下などで育てるとよいでしょう。多肥では葉ばかり茂るため、肥料は少なめに育てます。

コスモス 茂広

キク科コスモス属

DATA

草丈 ▶ 40〜110cm　**花期** ▶ 7〜11月
花色 ▶ ピンク、紅紫、オレンジ、黄色、白
日照 ▶ 日なた

特徴 一般にコスモスと呼ばれているのは、コスモス・ビピンナツスという植物とその園芸品種です。とても丈夫で、日当たりと風通しがよければよく育ちます。こぼれダネで毎年のように花を咲かせます。

栽培 日当たりのよい場所で育てます。水はけのよい土を好み、乾燥にも強いため、水やりは頻繁にする必要はありません。肥料が多いと大きく茂り倒れやすくなるので、施肥は控えめにします。

ルドベキア 茂広

キク科ルドベキア属（オオハンゴンソウ属）

DATA

草丈 ▶ 40～150cm　花期 ▶ 7～10月
花色 ▶ 黄、茶、複色　日照 ▶ 日なた

特徴 一・二年草、あるいは多年草で、北アメリカに30種ほどが分布します。花の形の違う品種が多数あります。多く栽培されるルドベキア・ヒルタは本来耐寒性宿根草ですが、園芸的には春まきあるいは秋まきの一・二年草として扱います。

栽培 日当たりと水はけのよい場所で育てます。秋まきした場合は、冷たい北風に当てないように、また凍結防止のための防寒が必要です。

ニコチアナ 茂広

ナス科ニコチアナ属（タバコ属）

DATA

草丈 ▶ 30～60cm　花期 ▶ 5～10月
花色 ▶ ピンク、赤、黄、白　日照 ▶ 日なた

特徴 ハナタバコとも呼ばれ、葉タバコの原料となるタバコもこの仲間です。初夏から秋にかけてかわいい星形の花をつけます。たくさんの品種が知られ、多年性のものも多いのですが、寒さに弱く、園芸的には一年草として扱われます。

栽培 日のよく当たる風通しのよい、乾き気味の場所を好みますが、極端に乾燥すると生育が鈍ります。

ワスレナグサ 低広

ムラサキ科ワスレナグサ属

DATA

草丈 ▶ 15～20cm　花期 ▶ 4～5月
花色 ▶ 白、ピンク、青紫　日照 ▶ 日なた

特徴 原産地はヨーロッパですが、中部以北の高原湿地など日本の一部で野生化しています。本来は多年性ですが暑さに弱く、日本では寒冷地以外では夏に枯れるため、園芸的には一年草として扱われます。

栽培 日当たりがよく、湿気の多い場所を好みます。丈夫でよく育ち、耐寒性もあります。水切れには弱いので、土が乾いたらたっぷりと水やりをします。

ビオラ 茂広

スミレ科スミレ属

DATA

草丈 ▶ 10～15cm　花期 ▶ 11～5月
花色 ▶ 黄、青、オレンジ、赤、白、紫など
日照 ▶ 日なた

特徴 パンジーとともに三色スミレとも呼ばれ、花径が3cm以下のものをビオラ、4～12cmのものをパンジーと便宜的に分けています。ビオラは野生種に近く、花つきがよいのが特徴です。

栽培 花がらをそのままにしておくと花つきが悪くなるので、花がらはこまめに摘み取ります。耐寒性がありますが、冬期には夜間に凍結しないように水やりは午前中にします。

低木

庭木として利用する場合、樹高が1～2mほどの樹木を低木、あるいは灌木《かんぼく》といいます。

庭の主役ともいえる高木や中高木を生かすために低木の存在は欠かせません。また、高木や中高木の下にあいた空間を埋め、高・中高木と地面の間、樹木と樹木の間のつながりをつくり出し、庭の雰囲気を締める重要な役割を担っています。

ひとくちに低木といっても、さまざまな樹形や雰囲気を持ったものがたくさんあります。それら低木の性質を知り、目的に合ったものを選びましょう。

樹木は「落葉樹」「常緑樹（半常緑）」のふたつのタイプに分けて並んでいます。

アジサイ 落葉

アジサイ科アジサイ属（ハイドランジア属）

DATA

樹高 ▶ 0.5～2m　**花期** ▶ 6～7月

花色 ▶ 青、紫、ピンク、白、赤など

用途 ▶ 添景木、根締め　**剪定** ▶ 2～3月、6～7月

特徴 梅雨の時期の庭を彩ります。花に見えるのは装飾花（そうしょくか）で、額縁のように縁取るものなど、園芸品種も多数あります。ヨーロッパで品種改良されたセイヨウアジサイなども人気があり、和風、洋風の庭いずれにでも人気があります。

栽培 半日陰の場所で、湿り気のある肥沃な土を好みます。寒さに強く成長が早いのですが、夏の強い日射しを嫌います。冬に不要な枝を切り取り、開花後、まだ花があるうちに枝を2～3節目まで切ると先端の節に花芽をつけます。

アナベル 落葉

アジサイ科アジサイ属（ハイドランジア属）

DATA

樹高 ▶ 1～1.5m　**花期** ▶ 6～7月

花色 ▶ 白、ピンク　**用途** ▶ 添景木、根締め

剪定 ▶ 2～3月、6～7月

特徴 アメリカノリノキの園芸品種で、アジサイの仲間です。直径30cmほどにもなるとても大きな花の集まりをつけ、白い清楚な雰囲気の花を咲かせます。ピンクの花もあります。

栽培 半日陰から日なたの、水はけのよい場所でよく育ちます。暑さや寒さに強く、丈夫で育てやすい花木です。株が大きくなると枝が細くなって混み合い、下葉が落ちてしまいます。2～3年に1回程度、地際まで切り戻すとよいでしょう。

アブラチャン 落葉

クスノキ科シロモジ属

DATA

樹高 ▶ 2～3m　**花期** ▶ 3～4月

花色 ▶ 淡黄　**用途** ▶ 添景木

剪定 ▶ 2～3月、7～8月（整枝）

特徴 本州、四国、九州の山地や丘陵地のやや湿った斜面などにふつうに見られる落葉低木です。根元から複数の幹が出て株立ちとなります。春、葉の展開に先立って淡黄色の花をつけます。秋に葉は黄色く色づきます。

栽培 半日陰の場所を好みます。乾燥に弱く、やや湿り気の多い場所でよく育ちます。株立ちの美しい自然樹形を生かすため、基本的に高さを抑える以外の剪定は行いません。

落葉＝落葉樹。　常緑＝常緑樹。　半常緑＝場所によっては落葉するタイプの常緑樹。

カシワバアジサイ 落葉

アジサイ科アジサイ属

DATA

樹高 ▶ 1〜3m　**花期** ▶ 6〜7月
花色 ▶ 白　**用途** ▶ 添景木、根締め　**剪定** ▶ 7〜8月

特徴 北アメリカ原産のアジサイで、深く切れ込んだ大きな葉がカシワの葉に似ているため名づけられました。房のように、多数の白い花がつきます。秋には葉が紅葉し、花、葉とも楽しめる人気の低木です。

栽培 半日陰から日なたで、保水性のある土を好みます。日陰でも育ちますが日照が少ないと花つきが悪くなります。丈夫でよく育ちますが、夏の暑い日や生育期には乾燥させないよう水やりが欠かせません。

オオカメノキ（ムシカリ） 落葉

スイカズラ科ガマズミ属

DATA

樹高 ▶ 2m前後　**花期** ▶ 5〜6月
花色 ▶ 黄（白）　**用途** ▶ 添景木、根締め
剪定 ▶ 2〜3月、7〜8月

特徴 北海道南部から九州までの山地に分布する落葉低木〜中高木で、庭木としては低木として扱います。初夏、枝先に黄色い花がまとまってつき、その周囲に大きな白い装飾花をつけます。葉は初秋に紅葉し、緑から赤、そして黒へと変化する実も楽しめます。

栽培 日なたから半日陰の、適湿な腐植質に富んだ肥沃な場所を好みます。自然と樹形が整うため、とくに剪定の必要はありません。必要に応じ、2〜3月に不要な枝を切ります。

クロフネツツジ 落葉

ツツジ科ツツジ属

DATA

樹高 ▶ 0.5〜2m　**花期** ▶ 4〜5月
花色 ▶ ピンク　**用途** ▶ 添景木、根締め
剪定 ▶ 7〜9月、10〜11月

特徴 中国、ロシア、朝鮮半島に分布し、日本には江戸時代初期に持ち込まれました。大型のツツジで、花も大輪です。葉は明るい緑色で枝先に集まってつき、冬に落葉します。葉の展開直後、枝先に3〜6個の花をつけます。

栽培 日なたを好みますが、半日陰でも育ちます。樹勢が強く、寒さにも暑さにも強く育てやすいツツジです。

オトコヨウゾメ 落葉

スイカズラ科ガマズミ属

DATA

樹高 ▶ 1〜2m　**花期** ▶ 4〜5月
花色 ▶ 白色（淡紅白色）　**用途** ▶ 添景木
剪定 ▶ 2〜3月、6〜7月

特徴 山地や丘陵の樹林内に自生します。株立ち状で、細い枝がよく分かれます。春から初夏に淡い紅色を帯びた白色の花をつけ、秋には実が赤く熟すとともに、葉が真っ赤に紅葉します。

栽培 日のよく当たり、適度に湿った腐植質に富んだ肥沃な土壌を好みます。萌芽力があって強い剪定にも耐えますが、自然に樹形が整うため、整枝のための剪定は必要ありません。

シモツケ 落葉

バラ科シモツケ属

DATA

樹高 ▶ 0.5～1m　**花期** ▶ 5～8月
花色 ▶ 淡紅、濃紅、白　**用途** ▶ 添景木、根締め
剪定 ▶ 7～8月

特徴 山地の日当たりのよい岩や石の多い場所に自生します。枝は細く、よく分枝して伸び株立ちになります。やわらかな印象で草花のように見え、群植に向きます。

栽培 日当たりのよい、適度に湿り気のある肥沃な場所を好みます。半日陰でもよく育ちます。萌芽力があり剪定にも耐えます。風通しが悪いとうどんこ病やアブラムシの発生が増えるため注意が必要です。

クロモジ 落葉

クスノキ科クロモジ属

DATA

樹高 ▶ 2～3m　**花期** ▶ 3～4月
花色 ▶ 淡黄緑　**用途** ▶ 添景木
剪定 ▶ 2～3月、7～8月

特徴 関東および中部地方より西の山地に自生する落葉低～中高木です。株元から枝が分かれ、株立ち状になります。枝や葉には芳香があります。庭では低木として扱いますが、ある程度樹高が高くなるので、中高木としても利用できます。

栽培 半日陰で水はけのよい肥沃な場所を好みます。日当たりがよすぎると乾燥によって弱ります。自然樹形を生かすため、不要な枝を間引く程度の剪定をします。

シロヤマブキ 落葉

バラ科シロヤマブキ属

DATA

樹高 ▶ 0.5～2m　**花期** ▶ 4～5月
花色 ▶ 白　**用途** ▶ 根締め　**剪定** ▶ 12～2月

特徴 樹姿がヤマブキに似ていますが分類上別の属で、花が白色でまた花弁が4枚（ヤマブキは5枚あるいは八重）であることで区別がつきます。しわの入った葉が特徴で、緑のグラデーションをつくるひとつの素材として、混植にも向きます。

栽培 日のよく当たる砂質で肥沃な土壌を好みます。半日陰でも育ちますが、乾燥を嫌います。3～4年に一度、冬に株元まで切り戻し、株の更新を図りましょう。

コバノズイナ 落葉

ユキノシタ科ズイナ属

DATA

樹高 ▶ 1～1.5m　**花期** ▶ 5～6月
花色 ▶ 白　**用途** ▶ 添景木　**剪定** ▶ 12～2月

特徴 北アメリカ原産の落葉低木です。枝先に多数の小さな白い花を穂状につけ、明るい緑の葉とともに、庭を明るく彩ります。花にはよい香りがあります。秋には美しく紅葉します。

栽培 日なたから半日陰の場所でよく育ちます。耐寒性はありますが、夏の乾燥を嫌います。萌芽力があるため剪定に耐えますが、自然樹形を楽しむためにあえて刈り込みは行わず、徒長枝や形を乱す枝を切る程度にします。

バラ／アイスバーグ 落葉

バラ科バラ属

DATA

樹高 ▶ 1〜2m　花期 ▶ 5〜10月
花色 ▶ 白　用途 ▶ 添景木、根締め
剪定 ▶ 8月、12〜2月

特徴 半八重で純白の花をつけます。開きはじめは浅いカップ咲きで、やがて平咲きに変化します。花茎が細く、花はややうつむき加減に開きます。樹形は半横張り性で株立ちになります。

栽培 日のよく当たる場所を好みます。丈夫で育てやすいバラです。シュートの発生が少ないので、古枝を生かし、短枝を多く発生させるようにします。つる性の枝変わりであるつるアイスバーグもあります。

ドウダンツツジ 落葉

ツツジ科ドウダンツツジ属

DATA

樹高 ▶ 0.5〜3m　花期 ▶ 4月
花色 ▶ 白、紅、複色　用途 ▶ 生垣、添景木
剪定 ▶ 5〜6月

特徴 春、新緑の展開と同時に、多数の壺形の白い花を枝先に下げます。葉は小さく、秋には美しく紅葉します。枝は細く、数多く枝分かれします。紅色の花をつけるベニバナドウダン、白地に赤い模様の入る花のサラサドウダンもあります。

栽培 日のよく当たる、適湿な肥沃地を好みます。萌芽力があるため剪定に耐えます。花後に樹形を整えるため刈り込みを行い、その後は間延びして形を乱す枝を見つけたら切り詰めます。

バラ／フランソワ・ジュランビル 落葉

バラ科バラ属

DATA

樹高 ▶ 5 m（横の広がり）　花期 ▶ 5月
花色 ▶ サーモンピンク　用途 ▶ 添景木、フェンス、壁面
剪定 ▶ 8月、12〜2月

特徴 花はサーモンピンクで、多数の花びらが重なるロゼット咲きです。花びらが重なる部分はわずかにクリームイエローを帯びます。リンゴに似た甘い香りがします。枝は細く、横にはうように伸びるため、壁面や、低めの長いフェンスにも誘引できます。

栽培 日なたを好みますが、半日陰でも育ちます。強健で耐寒性も高く、育てやすいつるバラです。

ナツハゼ 落葉

ツツジ科スノキ属

DATA

樹高 ▶ 1〜2m　花期 ▶ 5〜7月
花色 ▶ 淡黄赤褐色　用途 ▶ 添景木、根締め
剪定 ▶ 2〜3月、9月

特徴 株元近くからよく分岐して株立ち状になり、枝を横に張り出します。葉は小さく、秋には真っ赤に紅葉します。初夏から夏、枝先に小さな花を多数つけ、秋に黒色の実が熟します。

栽培 日なたを好みますが、半日陰の場所でも育ちます。萌芽力があって強い剪定にも耐えますが、自然樹形を生かすため、剪定は混み合った部分の枝を間引く程度にします。

バラ／マダム・アルフレッド・キャリエール 落葉

バラ科バラ属

DATA

樹高 ▶ 5～10m（横の広がり）　**花期** ▶ 5～11月
花色 ▶ 白　**用途** ▶ 添景木、根締め
剪定 ▶ 8月、12～2月

特徴 薄く透明感のある花びらで、わずかにピンク色を帯びた白色の花を咲かせます。秋に咲く花はややピンク色が濃くなります。枝にはとげが少なく、伸びた枝先に花をつけます。香りはティー系でフルーティーに香ります。

栽培 日当たりのよい場所を好みますが、少々の日陰や日当たりの悪い北側の庭でも旺盛に生育します。風通しが悪いと春にうどんこ病が発生することがあり、注意が必要です。

バラ／ブルー・マジェンタ 落葉

バラ科バラ属

DATA

樹高 ▶ 3m　**花期** ▶ 5月
花色 ▶ 赤紫～紫　**用途** ▶ 添景木、フェンス
剪定 ▶ 8月、12～2月

特徴 花は小さな花びらが盛り上がりポンポン咲きのようになり、5～10輪が集まって咲きます。咲きはじめは明るい赤紫色で、やがてグレーを帯びた落ち着いた紫色になります。横張り性が強いため、フェンスや壁面への誘引に向いています。

栽培 強健で寒さに強いバラです。やや日当たりが悪いほうがよく育ち、花色に深みが増すため、半日陰の場所に向いています。

バラ／つるレディ・ヒリンドン 落葉

バラ科バラ属

DATA

樹高 ▶ 5m（横の広がり）　**花期** ▶ 5～11月
花色 ▶ 杏黄　**用途** ▶ フェンス
剪定 ▶ 8月、12～2月

特徴 葉は灰緑色で、花は杏黄色、典型的なティーの香りがする人気のオールドローズです。茎は細く赤みを帯び、花首がやわらかくうつむくように花をつけます。レディ・ヒリンドンの枝変わりで、先祖返りすることもあります。

栽培 日なたを好みます。ティーローズのなかでは耐病性があるほうですが、うどんこ病の発生が多く注意が必要です。

バラ／マダム・アルディ 落葉

バラ科バラ属

DATA

樹高 ▶ 2m　**花期** ▶ 5～6月
花色 ▶ 白　**用途** ▶ 添景木、根締め
剪定 ▶ 8月、12～2月

特徴 花の中心にグリーン・アイがある純白のクォーター・ロゼット咲きの美しいバラです。強い香り（ダマスク香）があり、人気の高いオールドローズです。

栽培 日のよく当たる風通しのよい場所を好みますが、夏の強い西日を嫌います。花茎が細く花の重みで垂れ下がるので、オベリスクやポールに仕立ててもよいでしょう。

ミツバツツジ 落葉

ツツジ科ツツジ属

DATA

樹高 ▶ 0.8〜1.5m　花期 ▶ 4〜6月
花色 ▶ 紫紅　用途 ▶ 添景木、根締め
剪定 ▶ 7〜9月、10〜11月

特徴 関東から中部に自生する落葉低木です。株立ちで多数枝分かれし、枝先に葉が3枚ずつつきます。この種に加えて、枝先に3枚の葉をつける落葉ツツジ類を一般にミツバツツジ類と呼んでいます。

栽培 水はけのよい、肥沃な酸性土壌を好みます。日なたを好み、少なくとも午前中は日が当たる場所が必要です。日陰では花つきが悪くなります。自然に樹形が整うため、伸び出て樹形を乱す枝などを切る程度にします。

バラ／ロサ・グラウカ 落葉

バラ科バラ属

DATA

樹高 ▶ 2m　花期 ▶ 5〜6月
花色 ▶ 濃ピンク　用途 ▶ 根締め、添景木
剪定 ▶ 8月、12〜2月

特徴 原種のバラで、ヨーロッパ中部などに自生します。花は中央の部分が白く抜けた濃いピンク色です。葉も美しく魅力的で、つやのない紫色がかった灰色です。茎にとげは多くありません。

栽培 日当たりのよい場所を好みますが、多少日当たりが悪くても育ちます。寒さには強いのですが夏の暑さで株が弱ることがあるため、風通しのよい場所に植えつけます。

ミツマタ 落葉

ジンチョウゲ科ミツマタ属

DATA

樹高 ▶ 1〜2m　花期 ▶ 3〜4月
花色 ▶ 黄、オレンジ　用途 ▶ 添景木　剪定 ▶ 1〜2月

特徴 中国原産の落葉低木です。新しく出る枝が三つ又になるためにこの名があります。丸みのある自然樹形となります。花も美しく、趣のある枝ぶりと葉姿で、添景木として利用価値の高い樹木です。

栽培 日のよく当たる場所に植えつけます。日照が不足すると花つきが悪くなります。水はけのよい肥沃な土壌を好みます。ミツマタ独特の枝ぶりを生かすために基本的に放任とし、剪定は必要最小限にとどめます。

ブルーベリー 落葉

ツツジ科スノキ属

DATA

樹高 ▶ 1〜2m　花期 ▶ 4〜6月
花色 ▶ 白、淡ピンク　用途 ▶ 添景木、果樹
剪定 ▶ 12〜2月、6月

特徴 北アメリカ原産の落葉低木で、日本でおもに栽培されるのは寒地性のハイブッシュ系と、暖地性のラビットアイ系の2系統です。果樹としても人気ですが、秋に美しく紅葉するため、庭木としても魅力がある樹木です。

栽培 日なたを好みますが、夏の西日を嫌います。風通しのよい砂質で水はけのよい酸性土壌でよく育ちます。果樹として育てる場合、自家受粉しにくいので、とくにラビットアイ系では、複数の品種を一緒に植えることが必要です。

ヤマブキ 落葉

バラ科ヤマブキ属

DATA

樹高 ▶ 0.5〜1.5m　**花期** ▶ 4〜5月
花色 ▶ 黄　**用途** ▶ 添景木、根締め　**剪定** ▶ 11〜2月

特徴 北海道から九州の低山や丘陵に自生し、古くから花木として親しまれている落葉低木です。春、鮮やかな黄色の花を枝先に咲かせます。やわらかくしだれるように伸びる枝を利用し、斜面に植栽してもよいでしょう。

栽培 半日陰で、やや湿った腐植質の多い肥沃な場所を好みます。乾燥にも強くよく育ちます。放任で自然に樹形が整うので、剪定は枯れ枝を基部から切りのぞく程度にします。

メギ 落葉

メギ科メギ属

DATA

樹高 ▶ 0.5〜1.5m　**花期** ▶ 4月
花色 ▶ 黄緑　**用途** ▶ 根締め、生垣　**剪定** ▶ 12〜2月

特徴 山地や丘陵の林縁などに自生する落葉低木です。幹は株元から分かれて株立ち状になり、枝を横に張り出すように伸ばして茂ります。枝には葉が変化したとげがあります。

栽培 日なたから、午前中に日が当たる半日陰であれば、とくに土質を選ばずよく育ちます。落葉期である12〜2月に、茂りすぎた枝を剪定して形を整えます。'オーレア'など小型の品種はとくに剪定の必要はありません。

アベリア 半常緑

スイカズラ科ツクバネウツギ属

DATA

樹高 ▶ 0.5〜1.5m　**花期** ▶ 5〜10月
花色 ▶ 淡紅白、淡紅　**用途** ▶ 添景木、生垣
剪定 ▶ 2〜3月、6〜8月

特徴 暖地では常緑、寒冷地では落葉します。花期は春から秋と長く、ベル形の小さな花を多数つけ、花には香りがあります。花色や葉色の異なる園芸品種があります。

栽培 日のよく当たる、やや湿潤で肥沃な場所を好みます。気候が温暖であれば半日陰や日陰でも育ちます。萌芽力があり、強い刈り込みに耐えます。育つと樹高が高くなるので、刈り込んで高さを抑えます。

ヤマツツジ 落葉

ツツジ科ツツジ属

DATA

樹高 ▶ 1〜3m　**花期** ▶ 4〜5月
花色 ▶ 朱、白　**用途** ▶ 添景木、根締め
剪定 ▶ 5〜6月、10〜11月

特徴 北海道から九州の低山の林内や林縁などに自生します。株立ちとなり、単植に向くツツジです。枝先に朱色でろうと状の花を1〜3個つけます。寒地では落葉します。白花のものをシロヤマツツジといいます。

栽培 日の当たる腐植質に富んだ肥沃な場所を好みます。少なくとも午前中はよく日の当たる場所が必要です。日照不足では枝が徒長し、花つきが悪くなります。夏に花芽ができるので、剪定は花後に行い、冬は枝を整理する程度にします。

落葉 =落葉樹。　常緑 =常緑樹。　半常緑 =場所によっては落葉するタイプの常緑樹。

ヒペリカム 半常緑

オトギリソウ科オトギリソウ属

DATA

樹高 ▶ 0.5〜1m　花期 ▶ 6〜7月
花色 ▶ 黄　用途 ▶ 添景木、根締め、グラウンドカバー
剪定 ▶ 11〜3月

特徴 ビヨウヤナギやキンシバイなど観賞用に栽培されるヒペリカム属の植物やそれらの園芸品種をヒペリカムと総称しています。夏のはじめ、鮮やかな黄色の花を咲かせます。

栽培 夏の西日の当たらない日なたと、やや保水性のある土を好みます。暖地では常緑ですが、寒い地域では落葉します。冬、浅く刈り込み、古枝や傷んだ枝を基部から切り取ります。

タイム 常緑

シソ科イブキジャコウソウ属

DATA

樹高 ▶ 0.1〜0.3cm　花期 ▶ 4〜6月
花色 ▶ 淡ピンク　用途 ▶ グラウンドカバー、根締め
剪定 ▶ 6月、11〜12月

特徴 300種以上の仲間がありますが、コモンタイムがハーブとしてよく知られ、単にタイムというと、このコモンタイムを指すことが多いようです。はう日照のものはグラウンドカバーとしても利用できます。

栽培 水はけのよい、日のよく当たる風通しのよい場所を好みます。枝が密に茂ると、蒸れて枯れるため、梅雨前に株全体の1/3ほどを刈り込んで風通しを図ります。

ローズマリー 常緑

シソ科マンネンロウ属

DATA

樹高 ▶ 0.3〜2m（品種による）
花期 ▶ 7〜4月　花色 ▶ 青、紫白
用途 ▶ 添景木、グラウンドカバー　剪定 ▶ 11月

特徴 地中海沿岸地方原産で、ハーブとして利用される常緑低木です。立ち上がるものやはう性質のもの、その中間のものがあります。よく茂り、グラウンドカバーや境界垣、花壇の縁取りなどに広く利用されます。

栽培 日なたでよく育ち、真夏の強い日射しにも耐えます。日当たりが多少悪くても育ちます。湿気の多い場所では生育が衰えて弱ることがあるので注意します。

バラ／キモッコウバラ 常緑

バラ科バラ属

DATA

樹高 ▶ 2m　花期 ▶ 4〜5月
花色 ▶ 黄　用途 ▶ 添景木、フェンス
剪定 ▶ 5〜6月、12〜2月

特徴 花は100枚ほどの花びらが集まった八重のロゼット咲きで、10輪程度が固まるようにつきます。常緑性で長く伸びる枝は細く、枝先が垂れるようになります。枝にはとげがないので誘引など扱いやすいバラです。

栽培 日当たりのよい場所を好みます。多少日当たりが悪くても育ちますが、花つきが悪くなります。ほかのバラよりもやや寒さに弱いため、寒冷地での栽培には向いていません。

つる植物

つる植物の茎はしなやかで成長も早く、フェンスやアーチ、高木に絡めて育てることができます。さらに壁面に誘引するなど、樹木にはない庭の飾り方ができます。また、ほふく性のものはグラウンドカバーとして利用も可能です。

種類によって、茎そのものが巻きつくもの、葉柄が巻きつくもの、巻きひげやとげで絡むもの、付着根で付着するものなどあり、利用のしかたで使い分ける必要があります。

耐寒性や耐陰性のあるものが多いのも特徴です。

大きく「落葉樹」「常緑樹」のふたつのタイプに分けて並んでいます。

クレマチス／モンタナ・ルーベンス 落葉

キンポウゲ科センニンソウ属（クレマチス属）

DATA

つるの長さ ▶ 3～6m　花期 ▶ 4～5月　花色 ▶ ピンク
用途 ▶ フェンス、添景木　剪定 ▶ 2～3月、6～8月

特徴 中国に分布する野生種のモンタナの一変種です。花つきがよく、初夏に、ハナミズキに似たピンク色の花が株全体を覆うように咲きます。花にはバニラに似た香りがあります。

栽培 日当たりのよい場所を好みますが、暑さと乾燥を嫌います。午前中だけ日の当たる半日陰の場所が適しています。花は旧枝につくため、花後に剪定する場合は花首、あるいは花首の一節下で切ります。

クレマチス／ロウグチ（籠口） 落葉

キンポウゲ科センニンソウ属（クレマチス属）

DATA

つるの長さ ▶ 2～3m　花期 ▶ 5～10月　花色 ▶ 紫
用途 ▶ フェンス、添景木　剪定 ▶ 2～3月、6～10月

特徴 草状に育つ半つる性のクレマチスです。ベル形で明るい紫色の花を下向きにたくさんつけます。四季咲きで、花後、早めに剪定をすれば繰り返し花を咲かせます。

栽培 日のよく当たる風通しのよい場所を好みます。乾燥を嫌うため、夏の高温で乾燥する時期には水切れさせないことが大切です。洋風にも和風にも扱える、丈夫で育てやすいクレマチスです。

ツタ（ナツヅタ） 落葉

ブドウ科ツタ属

DATA

つるの長さ ▶ 15m以上　花期 ▶ 6～7月
花色 ▶ 黄緑色　用途 ▶ 壁面、フェンス
剪定 ▶ 12～2月

特徴 建物の壁面緑化などにもよく用いられる落葉つる植物です。葉は浅く裂けて、秋に赤色にとても美しく紅葉します。コンクリートの外壁などにも吸着するので広がる場所を選びません。

栽培 土はあまり選ばず、日なた、半日陰でも育ちます。冬に伸びた枝を切り詰めて広がりすぎないようにします。生育が旺盛なため、伸びすぎた枝は適度に刈り込みます。

落葉＝落葉樹。　常緑＝常緑樹。　半常緑＝場所によっては落葉するタイプの常緑樹。

ツルニチニチソウ 常緑

キョウチクトウ科ツルニチニチソウ属

DATA

つるの長さ ▶ 0.3〜2m　花期 ▶ 4〜6月
花色 ▶ 青紫、白　用途 ▶ グラウンドカバー
剪定 ▶ 3〜4月、8月

特徴 地中海沿岸原産の常緑つる性植物です。地面をはうようにつるを伸ばし、節から根を出して広がります。春から初夏に咲く花は青紫色あるいは白色で、葉姿とともに涼しげな印象をつくります。

栽培 日なたから半日陰でよく育ち、水はけのよい土を好みます。生育旺盛で乾燥にも強く、育てやすく、グラウンドカバーにできます。つるが伸びて広がりすぎたときは、不要な部分を切り戻し、混み合った部分を間引きます。

ヘンリーヅタ 落葉

ブドウ科ツタ属

DATA

つるの長さ ▶ 2〜6m　観賞期 ▶ 4〜11月
花期 ▶ 4〜5月　花色 ▶ 黄
用途 ▶ 壁面緑化、グラウンドカバー　剪定 ▶ 12〜2月

特徴 中国原産の落葉性つる植物です。気根を使って壁や立木などにくっついて登っていきます。葉脈に沿って網目状の斑になる美しい葉を持ち、秋に鮮やかに紅葉します。

栽培 日なたを好み、日当たりが悪いと紅葉の色が鈍くなります。強健で剪定は一年中可能で、節を残せばそこから芽を出し、横に広げればグラウンドカバーとしても利用できます。長く伸びた部分を切り詰めればコンパクトに育てることができます。

ハゴロモジャスミン 常緑

モクセイ科ソケイ属

DATA

つるの長さ ▶ 3m　花期 ▶ 4〜5月　花色 ▶ 白
用途 ▶ フェンス　剪定 ▶ 6〜7月

特徴 中国原産の常緑性のつる植物です。寒地では落葉します。つるを絡ませて成長します。3〜4月、茎先から花茎を出し、たくさんの香りのある花をつけます。

栽培 日のよく当たる場所を好みます。花が咲き終わったら枝を切り戻します。伸びすぎた枝や樹形を乱す枝は、半分ほどの長さまで切り詰めてもよいでしょう。

スイカズラ 常緑

スイカズラ科スイカズラ属

DATA

つるの長さ ▶ 5〜15m　花期 ▶ 5〜9月　花色 ▶ 白、黄
用途 ▶ フェンス、グラウンドカバー　剪定 ▶ 12月

特徴 日本各地および東アジアに分布する常緑つる性植物です。花には芳香があり、咲きはじめは白色、やがて黄色に変化します。オレンジ色の花をつけるツキヌキニンドウは北アメリカ原産の近縁種です。

栽培 日当たりのよい場所を好みますが、丈夫で半日陰の場所でもよく育ちます。フェンスなどに絡めて利用しますが、刈り込むことで、傾斜のゆるやかな斜面のグラウンドカバーとしても利用できます。

高木・中高木

高木・中高木は、その庭の印象を決める、いわば庭の主人公です。高さもさることながら、枝ぶりや葉の色や形、樹皮の美しさなど、その存在感を遺憾なく発揮します。

しかし、一度植栽してしまうと入れ替えや移植はなかなか難しいもの。そのため、どのような樹種を植えるか、十分吟味して選ぶようにしましょう。高木では自然の状態だと5～20ｍにも達するものがあります。2年に1回は剪定をして、4ｍほどの高さに抑える必要があります。

樹木は「落葉樹」「常緑樹（半常緑）」のふたつのタイプに分けて並んでいます。

アオダモ 落葉

モクセイ科トネリコ属

DATA

樹高 ▶ 3～4m（10～15m）　花期 ▶ 4～5月
用途 ▶ 白　剪定 ▶ 11～2月

特徴 北海道から九州までの山地に自生する落葉中高木で、公園樹や街路樹として植栽されることもあります。枝や幹はしなやかで、株立ちに仕立てると、飾らない清らかさを感じさせ、自然風の庭によく似合います。

栽培 日のよく当たる湿った場所を好みますが、乾燥にもよく耐えます。放任すると枝が横に広がるため、広がりすぎた枝は切り取ると樹形が整います。

アカシデ 落葉

カバノキ科クマシデ属

DATA

樹高 ▶ 3～4m（10～15m）　花期 ▶ 4～5月
花色 ▶ 黄褐色（雄花）、赤緑色（雌花）
用途 ▶ シンボルツリー、緑陰樹　剪定 ▶ 2～3月、7～8月

特徴 山野などのやや湿った場所にふつうに見られる落葉高木です。春に出る新芽は赤く、のちに緑色となり、秋には橙色に美しく紅葉します。雑木の庭で使われる代表的な樹木です。

栽培 日当たりのよい、適度に湿った肥沃な場所を好みますが、半日陰でやや乾燥気味の場所でも育ちます。自然樹形を生かすため、剪定は徒長枝や絡み枝などを切り取る程度とします。

イヌシデ 落葉

カバノキ科クマシデ属

DATA

樹高 ▶ 4～5m（5～20m）　花期 ▶ 4～5月
花色 ▶ 黄褐（雄花）、淡緑（雌花）
用途 ▶ シンボルツリー、緑陰樹　剪定 ▶ 2～3月、7～8月

特徴 楕円形の樹形となり、自然樹形を生かします。雑木の庭に混植して春の芽吹きのやわらかな緑を観賞できます。老木では樹幹はねじれ、縦に浅い筋状の溝ができます。

栽培 半日陰から日なたを好み、適度に湿り気のある粘土質の土壌でよく育ちます。萌芽力があるため剪定して樹形を整えます。

ガマズミ 落葉

スイカズラ科ガマズミ属

DATA

樹高 ▶ 2m（2〜5m）　**花期** ▶ 5〜6月
花色 ▶ 白　**用途** ▶ 添景木　**剪定** ▶ 12〜2月

特徴 本州、四国、九州の山地や丘陵にふつうに見られる落葉中高木です。細い枝がよく分枝して広卵形となる樹姿は、自然風の庭にうってつけの樹木です。春に白い小花がたくさん集まった花をつけ、秋には果実が濃紅色に熟し、美しい姿を見せます。

栽培 日当たりのよい場所から半日陰の場所を好みますが、日陰でも育ちます。ただしあまり日照が少ないと枝が間延びして樹形がだらしなくなります。自然樹形を生かし、冬に樹形を整えるために枝先を軽く切り詰める程度の剪定にとどめます。

イロハモミジ 落葉

カエデ科カエデ属

DATA

樹高 ▶ 3〜4m（5〜10m）　**花期** ▶ 4〜5月
花色 ▶ 暗紅　**用途** ▶ シンボルツリー、添景木
剪定 ▶ 2月、11〜12月

特徴 日本のカエデ類の代表ともいえる樹木です。枝が細かく分かれて伸び、横に広がった楕円形の樹形となります。やわらかな印象の樹姿は、和風だけでなく洋風の庭にも映えます。

栽培 日なたを好みますが、乾燥に弱く、西日が当たるような場所では葉が茶色に変色してしまいます。午前中だけ日光が当たる場所など半日陰で育てるとよいでしょう。ただし、日照不足では紅葉が美しくなりません。

クマシデ 落葉

カバノキ科クマシデ属

DATA

樹高 ▶ 3〜4m（10〜15m）　**花期** ▶ 4月
花色 ▶ 淡緑　**用途** ▶ シンボルツリー、緑陰樹
剪定 ▶ 12〜2月

特徴 本州、四国、九州の山地に自生する落葉高木です。近い仲間のイヌシデやアカシデよりも葉と実が大きいのが特徴で、そのたくましい印象が雑木の庭で存在感を示します。

栽培 日当たりのよい、適湿で水はけのよい肥沃な場所を好みます。耐陰性もあり、日陰でも育ちますが、秋の黄葉を楽しむためには日当たりが必要です。萌芽力があって剪定に耐えますが、自然樹形を生かすため、刈り込むような剪定はしません。

エゴノキ 落葉

エゴノキ科エゴノキ属

DATA

樹高 ▶ 3〜4m（3〜10m）　**花期** ▶ 5〜6月
花色 ▶ 白　**用途** ▶ 添景木、シンボルツリー、緑陰樹
剪定 ▶ 2〜3月、7〜8月

特徴 日本各地の雑木林にふつうに見られる落葉中高木です。初夏、小枝の先に白い花を垂れ下げるように咲かせます。途中で枝が大きく曲がるなど野趣あふれる樹形で、雑木の庭にはうってつけです。

栽培 日当たりのよい場所を好みますが、半日陰や日陰でもよく育ちます。適度に湿った水はけのよい土壌が適しています。剪定は不要な枝を間引く程度にします。強剪定をすると趣のある自然樹形が乱れます。

シラキ 落葉

トウダイグサ科シラキ属

DATA

樹高 ▶ 2〜2.5 m（3〜5m）　**花期** ▶ 5〜7月
花色 ▶ 黄　**用途** ▶ シンボルツリー、添景木
剪定 ▶ 2〜4月、6月

特徴 暖温帯の低山に育つ落葉中高木で、日本では本州中部から沖縄に分布しています。魅力的な自然樹形となり、庭に1本植えるだけで山の雰囲気がつくり出せます。秋には紅色あるいはサーモンピンク色に紅葉し、灰白色の幹に美しく映えます。

栽培 自然樹形を生かす庭木で、野趣をそこなわないよう、剪定は徒長枝や形を乱す枝を間引く程度で、刈り込むようなことは避けます。

コブシ 落葉

モクレン科モクレン属

DATA

樹高 ▶ 3〜5m（5〜20m）　**花期** ▶ 3〜4月
花色 ▶ 白　**用途** ▶ シンボルツリー
剪定 ▶ 2〜3月、11月

特徴 日本では北海道、本州、九州に分布する落葉高木です。春、葉が展開する前に白い花を咲かせます。雑木の庭などで自然樹形を生かして利用される、春の代表的な花木です。大きくなるため植えつけ場所には配慮が必要です。

栽培 日当たりを好みますが、半日陰でも育ちます。やや湿った肥沃な土壌を好みます。自然樹形を生かすために、剪定は不要な枝を切り取る程度とします。

ハナミズキ 落葉

ミズキ科ミズキ属

DATA

樹高 ▶ 3m（5〜10m）　**花期** ▶ 4〜5月
花色 ▶ 白、ピンク、紅　**用途** ▶ シンボルツリー、添景木
剪定 ▶ 12〜3月、6月

特徴 葉の展開に先立って枝先に花をつけます。4枚の花びらのように見えるのは総苞片（そうほうへん）で、花は黄緑色の小さな球形で、20個ほどが中心に集まります。花木として人気の高い樹木です。

栽培 日当たりのよい場所を好みますが、午前中だけ日の当たる半日陰の場所を選びます。ある程度自然に樹形が整うため、剪定は不要枝を切り取る程度とし、基本的に大きな切り戻しや刈り込みは行いません。

ジューンベリー 落葉

バラ科ザイフリボク属

DATA

樹高 ▶ 2.5〜3.5m（3〜10m）　**花期** ▶ 4月
花色 ▶ 白　**用途** ▶ シンボルツリー、添景木
剪定 ▶ 12〜2月

特徴 北アメリカ原産の落葉中高木です。アメリカザイフリボクとも呼ばれます。春に白い5弁花を咲かせ、6月頃果実が黒紫色に熟します。果実は生食やジャムなどの材料とします。

栽培 日のよく当たる場所や半日陰の場所で、やや湿り気のある土壌を好みます。自然樹形を生かした育て方のほか、株立ちに仕立てることも可能です。株立ちにしない場合はひこばえが出たら早めに間引きます。

落葉＝落葉樹。 常緑＝常緑樹。 半常緑＝場所によっては落葉するタイプの常緑樹。

コメツガ 常緑

マツ科ツガ属

DATA

樹高 ▶ 3m（20～30m）　**花期** ▶ 6月
花色 ▶ 黄（雄花）、緑紫（雌花）
用途 ▶ シンボルツリー、添景木　**剪定** ▶ 3～4月、6月

特徴▶日本固有の常緑針葉樹で、本州の青森から紀伊半島、四国、九州の山岳地帯に分布します。静寂を感じさせる樹姿で、庭に落ち着いた雰囲気をつくり出します。しなやかな枝ぶりが雑木の庭によく合います。

栽培▶肥沃で、水はけと通気性のよい土を好み、半日陰でも育ちます。生育が悪くはなりますが、湿気の多い場所でも育ちます。強剪定は避け、樹形を整えるために毎年こまめに手を入れるようにします。

ヤマボウシ 落葉

ミズキ科ミズキ属

DATA

樹高 ▶ 3～4m（10～15m）　**花期** ▶ 5～7月
花色 ▶ 白　**用途** ▶ シンボルツリー、添景木
剪定 ▶ 12～2月

特徴▶北海道をのぞく日本各地の山地に自生します。白い大きな花びらのように見えるのは総苞片で、その中心に淡緑色で25～30個ほどの小花が球形に集まります。秋には果実が赤く熟し、葉も美しく紅葉します。

栽培▶日のよく当たる水はけのよい肥沃な場所を好みますが、半日陰でもよく育ちます。放任でも卵形の美しい自然樹形となります。剪定は、自然樹形を乱すような不要な枝を間引く程度とします。

ソヨゴ 常緑

モチノキ科モチノキ属

DATA

樹高 ▶ 2～3m（5～15m）　**花期** ▶ 6～7月
花色 ▶ 白　**用途** ▶ シンボルツリー、添景木
剪定 ▶ 3～5月、7～8月

特徴▶日本では本州の東北南部以南、四国、九州の山間部に自生する常緑中高木です。葉が密生しないため軽やかな印象をあたえます。秋には赤い実が熟します。和風、洋風どちらの庭にも似合い、雑木の庭では株立ちに仕立てます。

栽培▶日当たりを好みますが、強い日射しでは葉焼けをすることがあるので、半日陰の場所で育てます。放任してもある程度樹形は整うため、剪定は、伸びすぎた枝を切り詰める程度にします。

オリーブ 常緑

モクセイ科オリーブ属

DATA

樹高 ▶ 2.5m（5～15m）　**花期** ▶ 5～6月
花色 ▶ 白　**用途** ▶ シンボルツリー、添景木
剪定 ▶ 2～3月

特徴▶西アジア原産の常緑高木です。果樹として知られますが、庭木としての利用価値も高い樹木です。葉は、表が光沢のある濃緑色、裏は銀白色でそのコントラストの美しさは格別です。

栽培▶日のよく当たる、やや乾燥気味の土壌を好みます。日当たりが悪いと生育が悪くなります。ある程度の寒さには耐えますが、霜や凍結には弱いので、寒冷地での植栽は難しいでしょう。

植物名さくいん

太い黒字は植物名で、細い青字は別名です。
樹木については落葉と常緑（半常緑）が分かるように印しがつけられています。

落葉 ＝落葉樹
常緑 ＝常緑樹

ア

アオダモ 落葉 ……150
アカシデ 落葉 ……150
赤筋ソレル ……129
アグロステンマ ……136
アゲラタム ……137
アジサイ 落葉 ……140
アシズリノギク ……127
アジュガ ……132
アストランティア ……124
アップルミント ……127
アナベル 落葉 ……140
アネモネ・カナデンシス ……130
アブラチャン 落葉 ……140
アベリア 半常緑 ……146
アルケミラ・モリス ……132
イカリソウ ……132
イヌシデ 落葉 ……150
イロハモミジ 落葉 ……151
エキナセア ……124
エゴノキ 落葉 ……151
エリゲロン・カルヒンスキアヌス ……132
オオカメノキ 落葉 ……141
オオムギ ……136
オトコヨウゾメ 落葉 ……141
オリーブ 常緑 ……153
オルレア ……137

カ

カシワバアジサイ 落葉 ……141
ガマズミ 落葉 ……151
カモミール ……138
カラミンサ ……127
カラミンサ・ネペタ ……127
カレックス ……128
ギボウシ ……128
キャットミント ……133
クマシデ 落葉 ……151
クリスマスローズ ……133
クレマチス／モンタナ・ルーベンス 落葉 ……148
クレマチス／ロウグチ 落葉 ……148
クロフネツツジ 落葉 ……141
クロモジ 落葉 ……142
ケマンソウ ……128
コスモス ……138
コバノズイナ 落葉 ……142
コブシ 落葉 ……152
コメツガ 常緑 ……153

サ

サクラソウ ……124
ジギタリス ……125
シマアシ ……128
シモツケ 落葉 ……142
ジャーマンカモミール ……138
シュウメイギク ……125
ジューンベリー 落葉 ……152
宿根アマ ……130
シラキ 落葉 ……152
シラン ……125
シロヤマブキ 落葉 ……142
スイートピー ……138
スイートロケット ……129
スイカズラ 常緑 ……149
スイセン ……125
ソヨゴ 常緑 ……153
ソレル ……129

タ

タイツリソウ ……128
タイム 常緑 ……147
ダリア ……126
チゴユリ ……133
チューリップ ……126
チョウジソウ ……129
ツタ 落葉 ……148

ツルニチニチソウ 常緑……149
ツワブキ……129
デルフィニウム……136
ドウダンツツジ 落葉……143
ドワーフ・コンフリー……130

ナ

ナスタチウム……138
ナツヅタ 落葉……148
ナツハゼ 落葉……143
ナルコユリ……126
ニゲラ……137
ニコチアナ……139
ニホンサクラソウ……124

ハ

ハゴロモジャスミン 常緑……149
ハナニラ……133
ハナミズキ 落葉……152
バラ／アイスバーグ 落葉……143
バラ／キモッコウバラ 落葉……147
バラ／つるレディ・ヒリンドン 落葉 144
バラ／フランソワ・ジュランビル 落葉 143
バラ／ブルー・マジェンタ 落葉 144
バラ／マダム・アルディ 落葉……144
バラ／マダム・アルフレッド・キャリエール 落葉 144
バラ／ロサ・グラウカ 落葉……145
ビオラ……139
ヒペリカム 半常緑……147
ヒューケラ……134
フウチソウ……134
フウロソウ……134
フタマタイチゲ……130
ブルーベリー 落葉……145
ブルネラ……130
ブルネラ・マクロフォリア……130
プルモナリア……134
ペパーミント……135
ペレニアル・フラックス……130
ペンステモン……126
ヘンリーヅタ 落葉……149
ホスタ……128
ホタルブクロ……127

マ

ミツバツツジ 落葉……145
ミツマタ 落葉……145
ムシカリ 落葉……141
ムスカリ……135
メギ 落葉……146
メドーセージ……131

ヤ

ヤグルマギク……137
ヤマツツジ 落葉……146
ヤマブキ 落葉……146
ヤマボウシ 落葉……153

ラ

ラミウム……135
ラムズイヤー……131
リクニス・コロナリア……131
ルドベキア……139
レディスマントル……132
ロウグチ（籠口）落葉……148
ローズマリー 常緑……147

ワ

ワイルドオーツ……131
ワイルドストロベリー……135
ワスレナグサ……139

庭づくり用語集

あ

● アイキャッチャー
庭の景色の中で、人目を引いて、アクセントとなるような植物やもの。目立つように植えられた樹木や草花、アクセントとなるように置かれたテーブルやイスなど。

● アプローチ
敷地の入り口から玄関まで続く通路。その庭の顔ともいえる部分で、その家を訪れた人のメインの動線。庭の構成の主要なものとなる。

● 育苗 [いくびょう]
タネをまいて発芽した苗を、花壇などの定植場所に植えつけるまでの間、管理をしながら育てること。移植を嫌う植物以外は、ポットや苗床で育苗したものを植えつける。

● 一年草 [いちねんそう]
タネから発芽して成長し、一年以内に開花・結実して枯れてしまう草花。原産地の気候では多年草でも、植えた地域の暑さや寒さで枯れるために一年草とされるものもある。

● 一季咲き [いっきざき]
一年のうちで、ある決まった一時期だけ開花する性質。

● 枝変わり [えだがわり]
突然変異によって枝葉や花、実の一部または全部が別の性質に変化したもの。

● 園芸品種 [えんげいひんしゅ]
原種からの人為的な選抜や種間交配などによって、園芸利用や農業利用のためにつくられた品種のこと。

● オベリスク
石造りの四角い塔のことから転じて、三角すいや円すい状などにつくられた、つる植物を絡ませるためのもの。

● 大谷石 [おおやいし]
栃木県宇都宮市大谷町を中心とした一帯で採掘される凝灰岩《ぎょうかいがん》の一種。比重が軽く、また石質がやわらかいため加工がしやすい。

か

● 化成肥料 [かせいひりょう]
化学的な合成によってつくられた無機質肥料で、チッ素、リン酸、カリのうち、いずれかふたつの成分を含むもの。成分やその量が明確なため、植物に必要なだけ施すことができる。

● 株立ち [かぶだち]
樹木の樹形や草花の草姿で、地際から数本の枝や茎が発生して立ち上がるもの。

● 株分け [かぶわけ]
多年草や球根植物などで、株を掘り上げて分割すること。成長によって大株になったものなどを分割することで、株数を増やしたり、成長の勢いを取り戻したりする。

● カリ
カリウムのこと。チッ素、リン酸とともに植物の成長に欠かせない肥料分。根の発育を促す。

● 灌木 [かんぼく]
低木のこと。高さが2~3mより低く、ブッシュともいう。

● 休眠 [きゅうみん]
生育に適さない寒い時期や暑い時期に、植物が一時的に成長を止めること。落葉樹の剪定では休眠期に剪定をすることで、弱ることを防ぐ。

● 切り戻し [きりもどし]
新芽の成長を促すために、枝や茎の先端を切り詰めること。切り返しともいう。

● グラウンドカバー
グラウンドカバープランツ。庭や花壇の地面を覆うように広がって育つ、丈の低い植物。一般に多年草や低木、つる植物などの、生育が旺盛で手間がかからないものが利用される。

● **グラデーション**

いくつかの花色、あるいは葉色を組み合わせるとき、同色系で少しずつ異なる色を並べて組み合わせていくこと。

● **群植**［ぐんしょく］

同じ種類の株を広範囲にまとめて植えつけること。

● **結実**［けつじつ］

花が受粉して実をつけ、種子ができること。

● **原種**［げんしゅ］

園芸用に品種改良をされていない野生の植物。

● **コニファー**

スギやヒノキ、ヒバなど、観賞価値の高い葉色や樹形を持った針葉樹の園芸品種をいう。

● **こぼれダネ**

タネが熟して自然に落ちたもの。繁殖力が強いものはこぼれダネで自然に増える。

● **混植**［こんしょく］

数種類の植物を同じ場所に植えつけること。

さ

● **挿し木**［さしき］

植物の繁殖方法のひとつで、枝や茎、葉、根など植物の一部を切り取り、土に挿して根を出させ、新しい株をつくること。

● **挿し芽**［さしめ］

茎の先端を切り取り、土に挿して新しい株をつくること。

● **山野草**［さんやそう］

国内外の野外に自生する草や草花、低木。とくに園芸ではそのうち観賞価値の高いものを指す。野生植物だけを指すわけではなく、栽培され増やされたものも含む。

● **直まき**［じかまき］

庭や花壇など、観賞のための場所に直接タネをまくこと。移植を嫌う植物などに適している。

● **四季咲き**［しきざき］

日本のように季節の変化がある地域で、決まった一定の開花期を持たず、気温や日照などの条件が整えば何度でも開花する性質を持つ植物をいう。日本の春と秋に2回咲くものを二季咲きという。

● **自生**［じせい］

植物が管理されずに、自然の状態で生育・繁殖していること。

● **下草**［したくさ］

樹木や草丈が高い植物の株元に植える草花。木陰の下に植えつける下草には、耐陰性の高い草花が適している。

● **宿根草**［しゅっこんそう］

多年草のうち、生育に適さない冬あるいは夏に地上部が枯れて根、あるいは根と芽の状態で休眠し、その季節がすぎると再び芽を伸ばして成長をはじめるもの。

● **新梢**［しんしょう］

新しく伸びた枝のこと。

● **シンボルツリー**

庭のデザインの中心的存在で、その庭や家を引き立てるような役割を持った樹木。

● **剪定**［せんてい］

枝や茎を切ること。植物の大きさを制限、風通しや日当たりをよくする、植物が健全に成長するなどのために不要な枝や茎を切ること。

● **雑木**［ぞうき］

もともと、材として利用する樹木に対し、薪や炭などに利用する経済価値が低い木を指す。一般に広葉樹が多く、庭づくりではカエデ、エゴノキ、シイノキ、コナラなど落葉広葉樹を指すことが多い。庭木では野山の雰囲気を出すために、近年人気が高まっている。

た

耐陰性 [たいいんせい]

日当たりが悪い日陰などの場所にも耐えてよく育つ性質。樹木の下や建物の影など、半日陰や日陰には耐陰性の強い植物を植える。

堆肥 [たいひ]

落ち葉や枯れ草、ワラ、もみ殻など、家畜の糞尿などを混ぜて堆積し、発酵・腐熟させた有機質肥料。肥料としての役割だけでなく、土壌改良材としての役割も大きい。

多年草 [たねんそう]

長年にわたって生育し続ける草花。宿根草と区別していたが、近年は同じ意味で使うことも多い。

追肥 [ついひ・おいごえ]

植物の成長の途中で施す肥料のこと。ふつう効果がすぐに現れる肥料を使う。生育期間が長い植物や花を長い間咲かせる植物は、土の肥料分が足りなくなって生育が鈍ったり花が咲かなくなったりする。一般的には10日～2週間に1回液体肥料を施すか、1カ月に1回化成肥料を施す。

定植 [ていしょく]

ポットや苗床にタネをまいて育てた苗を、花壇やコンテナなど、観賞する場所に植えつけること。

摘芯 [てきしん]

主幹や茎の先端を切り、先端の成長をとめること。樹木では主幹を摘芯して高さを抑える。草花では摘芯によってわき芽が伸びて、こんもりとした姿に整う。

添景木 [てんけいぼく]

シンボルツリーのような存在感はないが、庭全体の風景をつくるために植えられた樹木。

徒長 [とちょう]

水やりや肥料が多すぎたり、日照不足になったりなどして、草花の茎がひょろひょろ間延びして育つこと。樹木では枝を短く切った場合に、勢いよく伸びる徒長枝となる。

な

二年草 [にねんそう]

種子が発芽してから1年以上、2年以内に開花・結実して枯れてしまう植物。発芽した1年目には茎や葉、根などを成長させ、そのまま休眠して冬を越し、2年目の春～夏に開花し、種子をつくって枯れる。ただし、気候条件が厳しい場合は、一年草のように生育する場合がある。

根締め [ねじめ]

樹木を植えつけた際、根の周囲の土を突き固めることをいう。また、植えつけた樹木などの根元に植える草を根締めということもある。

は

培養土 [ばいようど]

植物を栽培しやすいようにブレンドされた土。花や野菜など専用のものも市販される。

花がら摘み [はながらつみ]

花が咲いたあと、落ちずに残って枯れている花を花がらといい、この花がらを摘み取る作業。花がらを残しておくと見苦しいだけではなく、病気の原因となることもある。また、花後、結実して株が弱ることを避けたいときにも花がら摘みは有効。

葉焼け [はやけ]

半日陰を好む植物を強い直射日光に当てると、葉がやけどをしたように白っぽくなってしまうことがある。これを葉焼けという。室内で育てた植物をいきなり戸外の直射日光下に置いても葉焼けを起こすことがある。

半日陰 [はんひかげ]

樹木の木もれ日や、西日が当たらない午前中の短い時間だけ、やわらかい日光が当たるような場所。

ピートモス

湿地帯の水苔が長年堆積したものを乾燥・粉砕したもの。土壌改良のために用いられる。

● 斑入り［ふいり］

葉の一部が葉緑素を失って白色や黄色に変化したもの。斑入りの植物は強い日射しで葉を傷めることがある。

● フォーカルポイント

庭の中につくられた、視線を集めるポイント。通常、視界に入るエリアにはひとつのフォーカルポイントをつくる。複数のフォーカルポイントがあるとそれ同士が邪魔しあったり、調和がとれなくなったりする。大きな庭では庭の中を歩くと次々とフォーカルポイントが現れるように配置する。

● 分球［ぶんきゅう］

球根から小さな球根「子球《しきゅう》」ができ、それらが分かれて新しい株になること。球根の増え方や分けて増やすことも含む。

● ボーダーガーデン

通路や塀、建物に沿って、それらと庭との境界に帯状に細長く広がった花壇をいう。

ま

● 間引き［まびき］

成長に合わせて混み合った部分の株や枝、つぼみなどを抜き取ること。日当たりや風通しがよくなり、植物が病気になりにくい。

● マルチング

植物の株元にワラや腐葉土などを敷いて土を覆うこと。乾燥や寒さを防ぎ、雑草の繁殖も防止する。

● 密植［みっしょく］

植物を植える際に、株と株との間隔をあけずにぎっしりと植えつけること。日当たりや風通しが悪くなるため、ふつう密植を避ける。

● 目隠し［めかくし］

庭のデザイン上、見せたくない部分を隠すように植えられた樹木や、設置された構造物をいう。

● 元肥［もとごえ］

植物を植えつけるときに、その植物が育つために必要な肥料分のこと。長期間肥料の効果を出すために堆肥などの有機質肥料をあたえることが多い。

や

● 八重咲き［やえざき］

何枚もの花弁が重なって咲く花の咲き方。本来の花では、花弁の内側の雄しべや雌しべがある部分に多数の花弁が並ぶ。八重咲きでの内側の花弁は雄しべや雌しべが花弁化したもの。

● 誘引［ゆういん］

植物の枝や茎を、強制的にフェンスや棚、トレリスなどに固定し、形をつくること。

● 有機質肥料［ゆうきしつひりょう］

鶏ふんや牛ふん、油かす、骨粉など、動植物由来の原料からつくられた肥料。施肥後、土壌中の微生物によって分解されて無機物になったものが植物に吸収されるため、効果が現れるまでに時間がかかり、長い間効果がある。

ら・わ

● ランナー

地をはって親株から長く伸びる茎。茎の先には子株ができ、土につくと子株から根が出てその場所で成長する。

● 緑陰樹［りょくいんじゅ］

葉が茂って木陰をつくる目的で植えられる樹木のこと。

● 矮性種［わいせいしゅ］

環境条件や突然変異、成長ホルモン異常などが原因で、草丈が低い性質を矮性、あるいはドワーフという。人為的な操作によって、草丈が本来の高さよりも半分以下になるように品種改良されたものを矮性種という。

監修者

安藤 洋子(あんどう　ようこ)

1947年茨城県に生まれる。東京都立大学を卒業後、夫の故郷長野県上田市に移り住み安藤造園を立ち上げる。庭の風景、建物、住まう人との調和を考える造園デザイナーとして活躍。平成7年度、10年度、19年度上田市都市景観賞受賞。著書にエッセイ『コバンザメ登山家フン戦記』(白山書房)、監修書に『緑のある庭づくり　植栽プラン実例と基本作業』(池田書店)などがある。

ホームページ【安藤造園】http://ando-zoen.jp/

staff

写真撮影　田中つとむ
写真協力　北川原久美子
撮影協力　安藤造園、帯川陽子、北川原久美子、春原いづみ、滝沢正徳、
田中利重、長島敬子、橋詰育恵、古川とし子、古田英子、矢澤純子
デザイン　玉井真琴(エルグ)
イラスト　宝代いづみ
原稿執筆　田中つとむ
校　　正　みね工房
編集制作　童夢

宿根草と低木で彩る
小さなスペースを上手に生かす庭づくり

監修者　安藤洋子
発行者　池田　豊
印刷所　大日本印刷株式会社
製本所　大日本印刷株式会社
発行所　株式会社池田書店
〒162-0851　東京都新宿区弁天町43番地
電話03-3267-6821(代)／振替00120-9-60072

落丁・乱丁はおとりかえいたします。

ISBN978-4-262-13631-8

1600003